中日桥汉语

中国語——日中の架け橋

（初级下）

陈敏　章天明　张恒悦　[日]冈田英树　编著

图书在版编目(CIP)数据

中日桥汉语. 初级. 下/陈敏等编著. —北京：北京大学出版社，2016.9
ISBN 978-7-301-23860-8

Ⅰ.①中…　Ⅱ.①陈…　Ⅲ.①汉语—对外汉语教学—教材　Ⅳ.①H195.4

中国版本图书馆CIP数据核字(2014)第020704号

书　　名	中日桥汉语(初级下) ZHONG-RI QIAO HANYU
著作责任者	陈敏　章天明　张恒悦　[日]冈田英树　编著
责任编辑	杜若明
标准书号	ISBN 978-7-301-23860-8
出版发行	北京大学出版社
地　　址	北京市海淀区成府路205号　100871
网　　址	http://www.pup.cn　新浪微博:@北京大学出版社
电子信箱	zpup@pup.pku.edu.cn
电　　话	邮购部 62752015　发行部 62750672　编辑部 62752028
印刷者	北京大学印刷厂
经销者	新华书店
	787毫米×1092毫米　16开本　11.5印张　178千字 2016年9月第1版　2016年9月第1次印刷
定　　价	68.00元(含1张MP3光盘)

未经许可，不得以任何方式复制或抄袭本书之部分或全部内容。
版权所有，侵权必究
举报电话：010-62752024　电子信箱：fd@pup.pku.edu.cn
图书如有印装质量问题，请与出版部联系，电话：010-62756370

立命馆孔子学院·北京大学对外汉语教育学院
《中日桥汉语》(中国語——日中の架け橋)
编辑委员会

顾　　问：[日]竹内实
监　　修：[日]中川正之　[日]是永骏
总 主 编：李晓琪
初级主编：[日]冈田英树　赵延风　[日]吉田庆子

总　序

俄国教育学家乌申斯基曾说过,"好的教科书和有效的教学法,能使没有经验的教师成为一个好老师。如果缺少这些,一个优秀的教师也难以真正在教学上登堂入室。"这句话明确地告诉我们,教材在第二语言教学中,始终占据着相当重要的位置。

随着汉语作为第二语言教学在日本的不断深入,不仅学习人数快速增加,且学习者的类别也不断增多,除了大学和中小学外,很多不同类型的企业、很多外资企业的工作人员都加入到了汉语学习的行列。在这一形势下,对教材,特别是对有针对性的教材的需求越来越迫切。本套系列教材正是在这一大背景下顺应而生。本套教材的编写者衷心希望此套教材的出版能够为广大在日本本土学习汉语的需求者提供积极的帮助,同时也为在中国大陆学习汉语的各类日本朋友提供多一个选择。以下是本套教材的概括介绍。

编写原则

针对性　充分考虑学习者的母语特点,在全面研究有别于欧美学习者的学习规律基础上,针对日本人和日本人学习汉语的特点,确定教材编写模式,力求提高以日语为母语的学习者汉语学习效率。

科学性　吸收国际最新的教材编写理论,吸收汉语最新研究成果,在汉语语言要素选择、输入、练习设计等诸多方面进行全面考量,循序渐进,力求教材内容科学专业。

真实性　从初级到最高级,不同阶段突出不同特点,但各段的共同点都是以实现语言交际为目标。场景设置和材料的选择都与某一真实环境相结合,使教材真正可以做到学以致用。

系统性　参考国内外先进的第二语言标准,特别是汉语水平测试标准,整套教材为小台阶多级别的组合,共分为初级、准中级、中级三段,每一段上下两册,全套教材共有六册。

文化性　教材在选材上突出文化底蕴,尤其注意中日文化的交流与碰撞,使语言学习的过程同时成为文化交融的过程,充分体现出多元文化大

背景下语言教学的崭新面貌。

结构目标

全套教材共有三段六册,各段的具体目标是:

初级 以结构为纲进行编写,同时兼顾功能项目,力求二者完美结合。初级教材的编写重在体现出针对性特点,即针对日本人学习汉语时需要加强的方面,采用听说领先的编写方式,同时又兼顾到中日语言中汉字的中介作用,使教材从初级起,就展现出有别于传统的、面向欧美学习者的汉语教材的崭新面貌。初级阶段的词语在800左右,学完初级,可以进行初步的日常交际。

准中级 以情景和功能为纲进行编写。为体现情景的真实性和实用性,上册侧重于日本情景,下册侧重于中国情景,并尽可能做到寓功能于情景之中,同时注意补充初级阶段未曾学习的语法项目。课文多是对话加叙述的形式,力求自然、轻松、有趣,以引发学习者的兴趣。同时,以多种形式强化听和说的训练,进一步体现母语为日语者的教材特点。学完准中级,词语达到1600左右,可以独立在中国生活,并用汉语进行简单的沟通。

中级 以功能和话题为纲进行编写,同时兼顾中级阶段的语法项目。在前两阶段的基础上,加强学生对中日同形词音义对照辨析能力的培养。课文形式由主要是对话体转为文章体,课文内容从主要是日常生活交际语言的学习转为对更具社会、文化含量文章的读解与听说,从而提高在较深层次、较宽领域运用汉语进行表达和交际的能力。学完中级,词语达到3200左右,可以比较自由地用汉语与中国人进行沟通和交流。

教材特点

国别教材 语言教学理论,特别是二语学习理论的研究成果已经充分表明,不同母语的学习者,由于自身母语的不同,在学习第二语言的时候,会产生不同的学习特点和难点。因此,针对不同母语者的不同需求,从第二语言教材的编写原则出发,针对某一国别的特殊需求编写教材是十分科学有效的,这也正是本套教材最突出的特点之一。

合编教材 本教材的另一特点是,这是一套名副其实的中日合编教材。从教材的策划到编写大纲的制定,从总顾问的邀请到教材总主编和总监修的配合,从各册主编的确定到编写人员的组成,以至每一课的具体编写,每一步都凝聚了中日双方人员的心血和智慧,其目的就是中日双方各自发挥所长,扬长避短,合编教材。

趣味教材 本教材内涵十分丰富，其内容不但贴近学生生活，而且特别注重凸显中日两国的文化，同时放眼世界，展示人类共通文化；练习形式多样，既丰富又实用，既有针对课文内容的问题，也有具有启发性的开放式问题，使学习者在学习教材的同时，有很宽广的拓展和深化思考的空间，使得学习过程充满了挑战与趣味。

有效教材 以上几个特点，体现出本教材明显地不同于以往的汉语教材。她针对日本人学习汉语的实际需求，她凝聚了中日双方汉语教师的共同智慧，她科学、有趣、实用、有效。我们相信，这是一套全新的受到使用者欢迎的有效教材。

本套教材从2008年策划到2012年开始出版，历经四年。其间日本立命馆孔子学院付出了极大的努力。作为本套教材的总主编，我首先要向立命馆孔子学院致以最衷心的感谢，是你们的睿智和果断，使得教材得以问世；同时，我也要感谢北京大学和立命馆大学的校领导，你们的决策和支持，保证了教材的持续编写；我还要感谢为本教材的策划和提出建设性意见而付出心血的所有中日朋友，你们的参与与献策，使得教材锦上添花！最后，我要感谢参加编写教材的全体中日教师，谢谢你们的辛勤付出！感谢北京大学出版社和汉语编辑部的领导和编辑，最终，这套体现中日合作结晶的成果在充满生机与活力的北京大学出版社落下帷幕！

由于水平和能力，本套教材一定还有需要进一步改进的地方，欢迎听到各方朋友的宝贵意见。

李晓琪
2012年春于北京大学

総　序

　ロシアの教育学者ウシンスキーは、「よい教科書と効果的な教授法は経験の浅い教師を一人前の教師にすることができる。これらがなければ、優秀な教師であっても教育のより深い境地に達することは難しい。」と述べている。この言葉からもわかるように、第二言語教育において、教科書は非常に重要なものである。

　日本では中国語教育の拡大に伴い、学習人口の増加だけではなく学習者のレベルも多様化している。大学や小中高校以外でも、各種企業、外資企業の社員などが中国語学習者となっている。このような状況の下、教科書に対する要求は高まってきており、このニーズに応えるべく本シリーズは生まれた。この教科書の出版により、日本における中国語学習者によりよい学習環境を提供し、また中国の日本人中国語学習者にも学習ツールの選択肢の一つとして加えて頂けたらと願っている。この教科書シリーズの概要は以下のとおりである。

編集原則
　一）対象をはっきりさせた構成
　　　学習者の母語の特性を考慮していること。欧米系学習者とは異なる学習法則の研究に基づき、日本人の中国語学習の特徴に即した教科書編集を行うことにより、日本語を母語とする学習者の学習効率を高めた。
　二）科学性
　　　最新の国際的な教科書編集理論と中国語研究の成果に基づき、中国語素材の選択、導入、練習問題の設定などについて全面的に吟味し、専門的かつ科学的であるよう努めた。
　三）実際性
　　　初級から上級まで、それぞれのレベルで異なる特徴を打ち出すと同時に、各レベルともに中国語によるコミュニケーション能

力の向上を目標とした。シーン別会話の設定や素材の選択は全て現実社会に即したものであり、これにより、実際に使うことに役立てる科書とした。

四）系統性

国内外の第二言語教育基準、特にHSK基準を参考し、細かいレベル設定をする。本シリーズは初級、準中級、中級3段階で構成され、各級上・下冊、全6冊で構成した。

五）文化的

本教科書は日中文化交流など文化的側面も取り入れることにより、語学学習の過程で文化についても知識を深めることができる。多元文化の背景のもと、新しい言語教育の姿を明らかにした。

目標構成

本教科書シリーズは3段階計6冊で構成される。各級の目標は以下のとおりである。

初　級：構造的を軸に編集し、機能的項目も考慮し、構造を理解し、機能も果たせるようにした。初級テキストは対象を明確にして編集したことが特長で、日本人学習者の弱点であるリスニングとスピーキングに重点をおき、同時に日中両言語における漢字のもつ橋渡し機能に着目し、初級段階から従来の欧米系学習者向け教材とは異なる新しいタイプの教科書とした。初級の語彙量は約800程度、学習終了後は初歩レベルの日常的コミュニケーションが可能である。

準中級：シーン別会話と機能性を軸に編集した。会話場面の現実性と実用性を高めるため、上冊では日本の状況、下冊では中国の状況に焦点を合わせた。会話場面はできるだけ機能的に、また初級で述べられなかった文法事項についても補足を行った。本文は会話に叙述文を加えた形式で、自然で、負担にならない、楽しい、学習者の興味をかきたてる内容とした。同時に、多方面からリスニングと会話能力を強化することにより、日本語を母語とする学習者に即した教材という特長を打ち出している。準中級学習終了後、語彙量は約1600、単独で中国で生活をすることができ、中国語

を用いて簡単なコミュニケーションを図ることができる。

中　級：機能性とトピックスを軸に編集を行い、同時に中級レベルの文法事項についてもふれた。初級、準中級での学習という基礎のもと、日中同形語の発音と意味に関する対照弁別能力を養う。本文は会話形式から文章形式に、内容は日常生活で使用するフレーズの学習から更に社会的、文化的要素をもつ文章の読解と運用となり、より深い、広い領域で中国語を用いた表現力、コミュニケーション力の向上を目指す。中級学習終了後は、語彙量約3200、比較的自由に中国語を用いて中国人とコミュニケーションし、交流することができる。

（中国では外国人に対する中国語を「初級」、「准中級」、「中級」、「高級」のように段階分けがおこわれるのが普通で、それぞれの段階で習得されるべき語彙数などが定められている。本シリーズにおいても「准中級」まではそれに準拠したが、「中級」は中国人の書いた原文を収録し解説を加える体裁にした。日本の慣例に従えば「中級」は「上級」の相当する。）

教科書の特長

対象国別教科書

言語教育学理論、特に第二言語学習理論の研究でもすでに明らかになっているが、母語の異なる学習者では、第二言語学習上の優位性と弱点も異なる。よって母語の異なる学習者のニーズに対して、第二言語学習教材の編集原則に基づき対象国別に教科書を策定することは科学的で効果的であり、この教科書シリーズの最大の特長のひとつでもある。

日中合作教科書

教科書のもう一つの特徴は、日中合作教科書であるということである。教科書の企画から編集大綱の策定、総顧問の招聘から総主編、総監修の協力により、各テキスト主編の決定から編者の構成および各課の執筆まで、すべてが日中双方の知恵と努力の結晶であり、お互いの良いところを取り入れた合作教科書である。

おもしろい教科書

教科書は学生の生活に密接した内容となっているだけではなく、日中

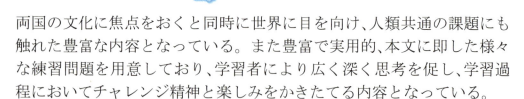

両国の文化に焦点をおくと同時に世界に目を向け、人類共通の課題にも触れた豊富な内容となっている。また豊富で実用的、本文に即した様々な練習問題を用意しており、学習者により広く深く思考を促し、学習過程においてチャレンジ精神と楽しみをかきたてる内容となっている。

効果的な教科書

　以上の特長より、この教科書は他の中国語教科書とは一線を画したものとなっている。教科書は日本人学習者のニーズに即した、日中双方の中国語教師の知恵の結晶であり、科学的で面白い、実用性に富んだ効果的な教科書である。本シリーズが学習者に広く受け入れられると信じている。

　本教科書シリーズは2008年の企画から2012年から出版まで、4年の時間を費やした。この間、立命館孔子学院は多大な労力を費やしてくださった。本教材の総主編として、立命館孔子学院に心より感謝申し上げる。貴学院の英知と果断により、この教科書は世に出ることができた。同時に、北京大学と立命館大学の学園執行部の方々にも感謝したい。二つの大学の執行部各位の意思決定と支持により、教科書編集を継続することができた。また、この教材の企画に対して助言くださったすべての日中両国の友人にお礼を申し上げたい。皆様方の参画と助言により、本教科書をより素晴らしいものにすることができた。最後に、本書の編集に尽力いただいた日中双方の教員に感謝の意を表する。北京大学出版社と中国語編集部の責任者と編集者にも感謝したい。この日中合作の結晶は北京大学出版社より出版される。

　本教科書シリーズの不十分な点などについては、先生方、学習者の方々から忌憚のないご意見を頂戴できれば幸いである。

李晓琪
2012年春北京大学にて

关于本教材的说明

本教材的使用对象及目标

本教材为对日系列汉语教材中的初级部分,教材分为上下两册,共24课,总词汇量在800词左右,适合入门和初级汉语学习者使用。本教材学完后,学习者可以用较标准的汉语进行简单日常沟通交流,为进一步学习打下良好基础。

本教材的特点

本教材具有以下几个突出特点:

1. 面向日本学习者,突出日本人学习汉语的特点和难点。
2. 注重交际能力的培养,特别强调听说能力的训练。
3. 以学生为中心,注重在用中学,在体验中学,在互动中学。
4. 注重发音,为避免汉字对于日本学习者中文发音的负面影响,教材中大量使用了拼音。
5. 提供充足的有针对性的练习,方便教师课堂使用和学生课下自学。

教材的体例

◎ 本教材每课分由以下几个主要部分组成:

【会话】每一课有两个小对话,展示本课的交际功能及词汇语法的使用。

【生词和短语】对会话中生词短语注音并给出日语释义。

【生词练习】用环环相扣的练习形式,使学生建立生词音义、音形之间的联系,从而掌握会话中的生词。

【会话练习】通过多种练习,使学生掌握会话展示的句型和交际功能。

【本课学过的基本句型】对本课的重点句型做出总结。

【扩展练习】在熟练掌握生词和会话的基础上,逐渐进行真实交际训练。

【语音练习】进行语音专项训练。

【格言古诗等】根据日本学习者的特点,安排了日本人耳熟能详的的中

国古诗或格言,既训练了发音,又提高了学生的兴趣。

◎ 除此之外,每三课之后有一个三课的语法小结,供师生参考。

教材的使用

本教材每课大约需要4学时或2大节课(每节课90分钟)完成。具体教学步骤,建议先学习【生词和短语】并做【生词练习】,然后进入【会话】,在【会话练习】完成后,开始进行【扩展练习】,最后进行【语音练习】和【格言古诗】等。在课时不足的情况下,教师可将一部分练习留为课下作业,这样也可以在一个学期内完成一册教材的教学。如果每周课时较多,则可以充分展开练习中的内容,特别是扩展练习部分的内容,使学生得到更多的课上交际练习机会。另外,【本课学过的基本句型】最好要求学生全部熟读背诵。教师也可以每三课根据教材的语法小结,给学生进行语法方面的梳理。

以上教学设计只是编写者的建议,有经验的教师完全可以使用自己的方法,更有创意地使用本教材。

特别说明

本教材执笔者按其执笔部分先后顺序署名。上册的执笔分别是:语音部分　陈敏;1—3课　赵延风;4—6课　吉田庆子;7—9课　陈敏;10—12课　张恒悦;语法小结　冈田英树;下册的执笔分别是:13—16课　张恒悦;17—20课　章天明;21—24课　陈敏;语法小结　冈田英树。

另外,本教材从最初着手到最后成书历时3年多时间,很多人为此付出了心血,北京大学派立命馆孔子学院工作的志愿者冉泽曾在编写初期参与大纲的制订,李丹小姐在中期曾做了大量的电脑输入工作,绢川浩敏先生在后期曾协调修改等事宜,在此谨致谢忱。

编者
2012年3月

教材についての説明

教材の対象者と目的

　この教材は、日本人用中国語シリーズ教材の初級です。教材は、上下に分かれており、あわせて24課、総単語数は800程度、初めて中国語を学ぶ人や、初級段階の学習者を対象としています。この教材を学び終われば、学習者は標準的な中国語を使って、簡単な日常的意思疎通が可能となり、学習をさらに進めるためのしっかりした学習基盤をつくることができます。

教材の特徴

　この教材は、以下のような特徴をそなえています。
1．日本人学習者のためのものであり、日本人が中国語を学習する上での優位性と弱点に配慮しています。
2．コミュニケーション能力を身につけることを重視し、リスニング能力・スピーキング能力のトレーニングに重きをおいています。
3．学習者が中心となり、中国語を使いながら学び、体験しながら学び、関係しあいながら学ぶことに重きをおいています。
4．発音のマスターに力を入れており、日本人学習者が中国語の発音をマスターする上で漢字に頼るマイナス面をさけるため、ピンインをたくさん使っています。
5．目標をはっきりさせた「練習」を提示し、教師が授業中に練習させ、学習者が授業後に自学する便宜をはかりました。

教材のスタイル

　この教材はそれぞれの課を以下のセクションに分けています。
　【基本文型】この課で学ぶ重要文型をまず整理しています。

【会話】各課には二つのスキットがあり、その課のコミュニケーション機能と単語・文法を明示しています。
【単語と短文表現】スキットに出る新出単語、フレーズにピンインをつけ、日本語の訳をつけました。
【単語練習】スキットに関連した単語をくり返し練習し、学習者が単語の発音と意味、音のかたちの関連をつかみ、会話の中の単語をマスターします。
【会話練習】さまざまな練習を通して、会話で示した文型とコミュニケーション機能をマスターします。
【ステップアップ】単語と会話をきちんとマスターしたあとに、実際のコミュニケーショントレーニングをします。
【発音練習】発音特訓コーナーです。
【格言や漢詩】日本人学習者の特長をいかして、慣れ親しんでいる中国の漢詩や格言をおきました。発音をトレーニングできる上に、学習者の関心をひくことでしょう。
このほか、3課ごとに、3つの課の文法のまとめをおきました。参考として役立ててください。

教材の使い方

この教材は、各課おおよそ4授業時間または2コマ（1コマ90分）を想定しています。学習の進め方としては、まず、【単語と短文表現】を学習し、あわせて【単語練習】を行い、その後で【会話】に入り、【会話練習】がおわってから、【ステップアップ】に入ってください。最後に【発音練習】と【格言や漢詩】を行ってください。授業時間が足りない場合は、一部の練習を宿題として課してください。1学期内（半年）で1冊の教材が終えられるはずです。毎週の授業時間がより多い場合は、練習、とりわけステップアップの部分に時間をかけ、学習者が授業中でのコミュニケーション練習の機会を充分にとれるようにして下さい。このほかに【基本文型】を、できるだけ学習者が暗唱するようにしてください。3課毎の文法のまとめで、文法面での整理を行ってください。

以上の授業プランは、編著者の提案であり、経験豊富な先生方にはご自分のやりかたで、より創意工夫に富んだ使い方をお願いします。

教科書をお使いの皆さんへ

最後に

　　この教材の執筆者は執筆部分の順に従って、署名させていただきました。上冊の執筆担当は、発音：陳敏、1～3課：趙延風、4～6課：吉田慶子、7～9課：陳敏、10～12課：張恒悦、文法のまとめ：岡田英樹、下冊の執筆担当は、13～16課：張恒悦、17～20課：章天明、21～24課：陳敏、文法のまとめ：岡田英樹　です。

　　この教材は、構想に着手してから完成まで3年余りの時間を要しました。多くの方々の努力の結晶であり、北京大学から立命館孔子学院に派遣された院生ボランティアである冉澤氏は編纂の初期に要綱の制定に加わっていただき、李丹女史には、大量の文章のコンピュータ入力業務に関わっていただき、絹川浩敏氏には、最後の手直しに加わっていただきました。記して、感謝いたします。

編者
2012年3月

目录(目次)

第十三课　你是什么时候到的（空港での再会）……………………………… 1
　1.「是…的」構文 / 2. 複合方向補語 / 3. 可能性をあらわす助動詞の「会」
　／ 4.「多＋形容詞」の構文 / 5. 介詞「从」、「到」
　拡展练习（ステップアップ）
　（付）漢詩の朗読

第十四课　我在准备考试（試験の準備）……………………………………… 11
　1.「正在＋動詞…呢」の構文 / 2. 可能の助動詞「可以」/ 3.「如果…就…」の構
　文 / 4.「一点儿」と「有点儿」
　拡展练习（ステップアップ）
　（付）漢詩の朗読

第十五课　我以前看过一次相扑（スポーツを語る）………………………… 22
　1. 介詞の「対」/ 2. アスペクト助詞の「過」/ 3. 数量補語 / 可能をあらわす助
　動詞「能」、「会」、「可以」
　拡展练习（ステップアップ）
　（付）漢詩の朗読

第十三課~第十五課・文法のまとめ…………………………………………… 32

第十六课　日本芥末买到了吗（買い物をする）……………………………… 36
　1. 結果補語 / 2. 主述述語文 / 3.「…什么的」
　拡展练习（ステップアップ）
　（付）漢詩の朗読

第十七课　昨天睡得太晚了（試験を前にして）……………………………… 47
　1. 様態補語・程度補語 / 2. アスペクト助詞の「着」/ 3. 複文（その1）①「因为…
　所以…」②「为了…」③「连…（都・也）…」
　拡展练习（ステップアップ）
　（付）漢詩の朗読

第十八课　我听不清楚（友人に電話をかける）……………………………… 59
　　1．可能補語／2．近接未来／3．「不但・不仅…，而且…」の構文／アスペクト表現のまとめ
　　拡展练习（ステップアップ）
　　（付）漢詩の朗読

第十六課～第十八課・文法のまとめ ……………………………………………… 70

第十九课　把门关上吧（友人宅を訪問する）………………………………… 74
　　1．「把」構文／2．兼語文／3．選択疑問文
　　拡展练习（ステップアップ）
　　（付）漢詩の朗読

第二十课　今天比昨天好多了（身体の不調を訴える）……………………… 85
　　1．比較の表現（その2）／2．使役文／3．「越～越～」の構文
　　拡展练习（ステップアップ）
　　（付）漢詩の朗読

第二十一课　那边过来了一个服务员（料理を注文する）…………………… 96
　　1．存現文／2．反語の表現／補語のまとめ
　　拡展练习（ステップアップ）
　　（付）漢詩の朗読

第十九課～第二十一課・文法のまとめ ………………………………………… 108

第二十二课　我要一个靠窗的座位（上海へ旅行する）……………………… 112
　　1．「的」構文／2．「一…也＋否定形」の強調構文
　　拡展练习（ステップアップ）
　　（付）漢詩の朗読

第二十三课　我的钱包被偷了（被害を届け出る）…………………………… 123
　　1．受身文／2．疑問詞の不定用法（その1）／3．禁止をあらわす「別」／4．「虽然…，(可是・但是)…」の構文
　　拡展练习（ステップアップ）
　　（付）漢詩の朗読

目录(目次)

第二十四课　我想一边儿工作，一边儿学汉语(帰国の準備する)　………………　135
　1．複文(その2)①「除了…以外，都…」、②「只要…，就…」、③「尽管…，但是…」、
　　④「一边儿…一边儿…」/ 2．疑問詞の不定用法(その2)
　扩展练习(ステップアップ)
　(付)漢詩の朗読

第二十二課～第二十四課・文法のまとめ　………………………………………　147

词语表(単語一覧表)　……………………………………………………………　150

Dì shísān kè Nǐ shì shénme shíhou dào de
第十三课　你是什么时候到的
~~空港での再会~~

会话 ◆ 会話

Zài jīchǎng de huìhuà
在 机场 的 会话
◆ 空港での会話

Shāntián: Xiǎo Lǐ, hǎojiǔ bújiàn le.
Lǐ Huá: Shì a! Huānyíng nǐ lái Běijīng.
Shāntián: Duìbuqǐ, fēijī wǎndiǎn le. Nǐ shì shénme shíhou dào de?
Lǐ Huá: Sìshí fēnzhōng yǐqián dào de. Jīntiān wǒ shì cóng xuéxiào lái de.
Shāntián: Cóng nǐmen xuéxiào dào jīchǎng yào duō cháng shíjiān?
Lǐ Huá: Bàn'ge xiǎoshí zuǒyòu.
Shāntián: Nǐ tèyì lái jiē wǒ, zhēn bù hǎoyìsi.
Lǐ Huá: Bú kèqi. Zǒu, wǒmen chūqu ba.
Shāntián: Lùshang de chē zhēn duō a!
Lǐ Huá: Yo, chē duō qilai le, jīntiān huì dǔ chē.

山田：小李,好久不见了！
李华：是啊！欢迎你来北京。
山田：对不起,飞机晚点了。你是什么时候到的？
李华：40分钟以前到的。今天我是从学校来的。
山田：从你们学校到机场要多长时间？
李华：半个小时左右。
山田：你特意来接我,真不好意思。

李华：不客气。走，我们出去吧。
　　　（在车上……）
山田：路上的车真多啊！
李华：哟，车多起来了，今天会堵车。

生词和短语　◆新出単語と短文表現

1. 好久不见了	hǎojiǔ bújiàn le		お久しぶりです
2. 欢迎	huānyíng	動	歓迎する
3. 晚点	wǎndiǎn	動	（飛行機や電車が）定刻よりも遅れる
4. 到	dào	動	到着する
5. 分钟	fēnzhōng	名	～分間
6. 以前	yǐqián	名	以前
7. 从…到…	cóng...dào...	介	～から～まで
8. 机场	jīchǎng	名	空港
9. 要	yào	動	必要とする
10. 多长时间	duōcháng shíjiān		どのぐらいの時間
11. 半	bàn	数	半分、二分の一
12. 小时	xiǎoshí	名	～時間
13. 左右	zuǒyòu	名	ぐらい、前後
14. 特意	tèyì	副	わざわざ
15. 接	jiē	動	受け取る、迎える
16. 真	zhēn	副	本当に
17. 不好意思	bù hǎoyìsi		申し訳ありません
18. 不客气	bú kèqi		遠慮しない、どういたしまして
19. 走	zǒu	動	歩く、出かける、行く
20. 出	chū	動	出る
21. 哟	yo	感	意外や驚いた気持ちを表す
22. 起来	qǐlái	動	動詞や形容詞の後に付けて、開始を表す
23. 会	huì	助動	可能性を表す
24. 堵车	dǔ chē	動	道路が渋滞する

第十三课　你是什么时候到的

生词练习　◆单語練習

1. 听音标序号　◆　発音を聞いて下の日本語に番号をつけなさい。

①

歓迎する	以前	渋滞する	ぐらい	出かける

②

わざわざ	空港	～時間	到着する	迎える

③

どのぐらいの時間	本当に	必要とする	出る	～分間

2. 听音标序号　◆　発音を聞いて下の絵に番号をつけなさい。

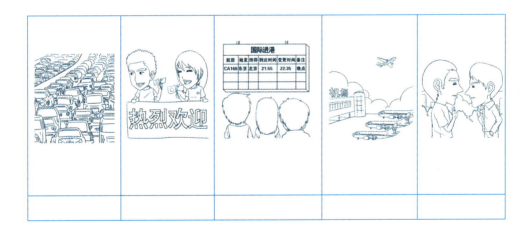

3. 听音标序号　◆　発音を聞いて下の漢字に番号をつけなさい。

①

不好意思	机场	起来	特意	走

②

不客气	多长时间	要	分钟	小时

③

晚点	会	左右	接	半

4. 注音并朗读 ◆ 下の単語にピンインをつけて発音しなさい。

①

半	特意	不客气	左右	不好意思

②

堵车	会	接	晚点	起来

③

走	小时	要	机场	出

会话练习 ◆会話練習

1. 跟读写汉字 ◆ CDを聞いて発音した上で、漢字を書き入れなさい。

① Zhēn bù hǎoyìsi.　　② Yào duō cháng shíjiān?
③ Chūqu ba.　　④ Fēijī wǎn diǎn le.

2. 边听边连线 ◆ CDを聞いて内容が合うものを線でつなぎなさい。

(1) Huānyíng nǐ lái Běijīng.　　A　お久しぶりです。
(2) Jīntiān huì dǔ chē.　　B　40分前ついたのです。
(3) Yào duō cháng shíjiān?　　C　何時頃ついたのですか。

(4) Wǒ shì cóng xuéxiào lái de.　　D　今日は渋滞するかもしれません。
(5) Shénme shíhou dào de?　　　　E　どれくらいかかりますか。
(6) Sìshí fēnzhōng yǐqián dào de. F　北京へよくいらっしゃいました。
(7) Hǎojiǔ bújiàn le.　　　　　　　G　私は学校から来たのです。

3. 标调或注音 ◆ 声調符号やピンインをつけなさい。

① 听音标声调　◆ 発音を聞いて声調符号をつけなさい。

（1）	（2）	（3）
Ni teyi lai jie wo, zhen bu haoyisi.	Zou, women chuqu ba.	Ni shi shenme shihou dao de?

② 听音标拼音　◆ 発音を聞いてピンインをつけなさい。

（1）	（2）	（3）
路上的车真多啊！	从你们学校到机场要多长时间？	欢迎你来北京。

4. 看图说话 ◆ 絵を見ながら、下線部に言葉を入れて文を完成させなさい。

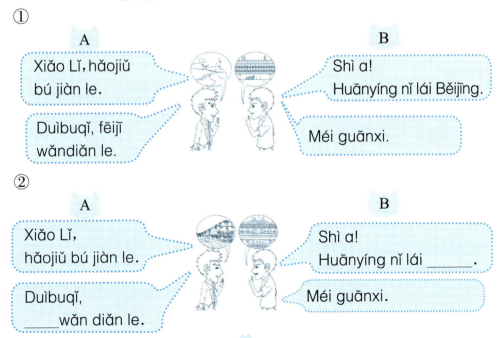

③

A: Cóng nǐmen xuéxiào dào jīchǎng yào duō cháng shíjiān?

B: Bàn ge xiǎoshí zuǒyòu.

④

A: Cóng nǐmen_____ dào_____ yào duō cháng shíjiān?

B: Yí ge xiǎoshí zuǒyòu.

本课学过的基本句型 ◆この課で学んだ基本文型

1 欢迎你来北京。　　　　　Huānyíng nǐ lái Běijīng.
2 你是什么时候到的？　　　Nǐ shì shénme shíhou dào de?
3 从你们学校到机场要多长时间？
　　Cóng nǐmen xuéxiào dào jīchǎng yào duōcháng shíjiān?
4 我们出去吧。　　　　　　Wǒmen chūqu ba.
5 车多起来了。　　　　　　Chē duō qilai le.
6 今天会堵车。　　　　　　Jīntiān huì dǔ chē.

扩展练习 ◆ステップアップ

短文 ◆ 短文

　　上个月我来北京的时候，是小李来接我的。飞机是12点到的，小李提前40分钟就来了。她是从学校来的，从他们学校到机场要半个小时。在车上，小李担心会堵车，实际上，那天没堵车，一切都很顺利。

第十三课　你是什么时候到的

Shàng ge yuè wǒ lái Běijīng de shíhou, shì Xiǎo Lǐ lái jiē wǒ de. Fēijī shì shí'èr diǎn dào de, Xiǎo Lǐ tíqián sìshí fēnzhōng jiù lái le. Tā shì cóng xuéxiào lái de, cóng tāmen xuéxiào dào jīchǎng yào bàn ge xiǎoshí. Zài chē shang, Xiǎo Lǐ dānxīn huì dǔ chē, shíjìshang, nà tiān méi dǔ chē, yíqiè dōu hěn shùnlì.

生词　◆　新出単語

1. 上个月　　shàng ge yuè　　　　　　先月
2. 提前　　　tíqián　　　　　動　　　繰り上げる
3. 担心　　　dān xīn　　　　　動　　　心配する
4. 实际上　　shíjìshang　　　　副　　　実際上、事実上
5. 一切　　　yíqiè　　　　　　代　　　すべて、あらゆる
6. 顺利　　　shùnlì　　　　　　形　　　順調である

1. 替换练习　◆　例文にならって、下線部の言葉を置き換えて練習しなさい。

①

(例)从北京	(1) 12月	(2) 半个小时以前	(3) 骑自行车	(4) 用英语
来	去	到	回来	写

（例）

　　　Tā shì cóng Běijīng lái de.
　A：她　是　从　北京　来　的。
　　　Shì ma?
　B：是　吗？

②

(例)堵车	(1) 下雪	(2) 刮风	(3) 下雨	(4) 忙

＊刮风　guā fēng　動　風が吹く

(例)　　　Jīntiān huì dǔ chē ma?

　A: 今天 会 <u>堵车</u> 吗?

　　　　Bú huì.

　B: 不会。

③

(例)路上的车	(1)京都的天气	(2)教室里的学生	(3)大风	(4)大雪
多	热	唱	刮	下

* 天气　tiānqì　名　天候
* 热　　rè　　　形　暑い

(例)　　　Lù shang de chē duō qilai le.

　A: <u>路上　的车　多</u>起来了。

④

(例)机场	(1)你家	(2)公司	(3)银行	(4)办公室
学校	医院	车站	这儿	图书馆
一个小时	半个小时	40分钟	20分钟	10分钟

(例)　　　Cóng jīchǎng dào xuéxiào yào duō cháng shíjiān?

　A: 从 <u>机场</u> 到 <u>学校</u> 要 多长 时间?

　　　　Yào yí ge xiǎoshí.

　B: 要 <u>一个小时</u>。

第十三课　你是什么时候到的

2. 看地图回答问题 ◆ 地図を見ながら、質問に答えなさい。

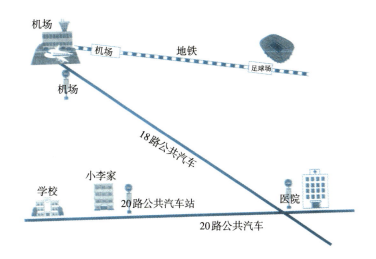

Xiǎo Lǐ zěnme qù xuéxiào?
① 小李 怎么 去 学校？

Qù jīchǎng néng zuò gōnggòngqìchē ma?
② 去 机场 能 坐 公共 汽车 吗？

Cóng Xiǎo Lǐ jiā qù jīchǎng zài nǎr huàn chē?
③ 从 小李家去 机场 在 哪儿 换 车？

＊换车　huàn chē　動　乗り換える

Dìtiě chēzhàn zài nǎr?
④ 地铁 车站 在 哪儿？

Qù jīchǎng kěyǐ zuò jǐ lù gōnggòngqìchē?
⑤ 去 机场 可以坐 几路 公共 汽车？

＊路　lù　名　（バスなどの）路線、系統

2. 根据自己的情况回答问题 ◆ 自分の状況をふまえ、質問に答えなさい。

Nǐ jiā zài nǎr?
① 你 家 在 哪儿？

Cóng nǐ jiā dào xuéxiào yào duō cháng shíjiān?
② 从 你家到 学校 要 多 长 时间？

9

③ Jīntiān nǐ shì shénme shíhou lái de?
今天 你是 什么 时候 来 的?

④ Jīntiān nǐ shì cóng nǎr lái de?
今天 你是 从 哪儿来 的?

⑤ Jīntiān nǐ shì zěnme lái de?
今天 你 是 怎么 来 的?

朗读诗歌 ◆次の漢詩を朗読しなさい。◆

Chūn xiǎo
春 晓

Mèng Hàorán
孟 浩然

Chūn mián bù jué xiǎo
春 眠 不 觉 晓

Chù chù wén tí niǎo
处 处 闻 啼 鸟

Yè lái fēng yǔ shēng
夜 来 风 雨 声

Huā luò zhī duō shǎo
花 落 知 多 少

春 暁
春眠暁を覚えず
処処啼鳥を聞く
夜来風雨の声
花落つること知らんぬ多少ぞ

＜孟浩然＞

Dì shísì kè　　Wǒ zài zhǔnbèi kǎoshì
第十四课　我在准备考试
~~試験の準備~~

会话　◆会話

Zài lǎoshī bàngōngshì de huìhuà
在 老师 办公室 的 会话
◆ 先生のオフィスでの会話

Lǎoshī: Shāntián, nǐ hǎo! Qǐng jìn, qǐng zuò. Zuìjìn zài gàn shénme ne?

Shāntián: Wǒ zài zhǔnbèi HSK kǎoshì.

Lǎoshī: Shì ma? Nǐ dǎsuan kǎo jǐ jí?

Shāntián: Wǒ zhèngzài zhǔnbèi wǔ jí de nèiróng.

Lǎoshī: Nǐ de shuǐpíng hěn gāo, kǎo liù jí yě méi wèntí.

Shāntián: Liù jí de tīnglì yǒudiǎnr nán, wǒ hái bù xíng.

Lǎoshī: Nà nǐ de xiǎo lùnwén dǎsuan shénme shíhou jiāo?

Shāntián: Duìbuqǐ, wǒ kěyǐ wǎn yìdiǎnr jiāo ma?

Lǎoshī: Rúguǒ tài máng, nǐ jiù xià ge yuè jiāo ba.

老师：山田，你好！请进，请坐。最近在干什么呢？
山田：我在准备HSK考试。
老师：是吗？你打算考几级？
山田：我正在准备5级的内容。
老师：你的水平很高，考6级也没问题。
山田：6级的听力有点儿难，我还不行。
老师：那你的小论文打算什么时候交？
山田：对不起，我可以晚一点儿交吗？
老师：如果太忙，你就下个月交吧。

生词和短语　◆新出単語と短文表現

1.	在	zài	副	～している、しているところだ
2.	干	gàn	動	する、やる
3.	准备	zhǔnbèi	動	準備する
4.	考试	kǎoshì	名	試験
5.	打算	dǎsuan	動	～をするつもりだ
6.	考	kǎo	動	試験を受ける
7.	级	jí	名	等級、(テストなどの)レベル
8.	正	zhèng	副	ちょうど
9.	内容	nèiróng	名	内容
10.	水平	shuǐpíng	名	レベル
11.	听力	tīnglì	名	聞き取り能力
12.	有点儿	yǒudiǎnr	副	ちょっと
13.	不行	bùxíng	形	だめだ
14.	论文	lùnwén	名	論文
15.	交	jiāo	動	提出する
16.	可以	kěyǐ	助動	～してもよい
17.	晚	wǎn	形	遅い、遅れる
18.	一点儿	yìdiǎnr	量	ちょっと
19.	如果…就…	rúguǒ...jiù...		もし～ならば、～

生词练习　◆単語練習

1. 听音标序号　◆ 発音を聞いて下の日本語に番号をつけなさい。

①

聞き取り能力	提出する	試験	準備する

②

試験を受ける	内容	論文	もし～ならば

第十四课　我在准备考试

③

するつもりだ	だめだ	遅れる	～してもよい

2. 听音标序号　◆　発音を聞いて下の絵に番号をつけなさい。

3. 听音标序号　◆　発音を聞いて下の漢字に番号をつけなさい。

①

有点儿	如果	听力	论文	不行

②

晚	可以	内容	水平	准备

③

一点儿	考试	打算	交	干

4. 注音朗读　◆　下の単語にピンインをつけて発音しなさい。

①

水平	在	正	晚	不行

②

考试	打算	有点儿	内容	干

③

可以	如果	一会儿	准备	考

会话练习 ◆会話練習

1. 跟读写汉字 ◆ CDを聞いて発音した上で、漢字を書き入れなさい。

① Qǐng jìn.
② Qǐng zuò.
③ Shuǐpíng hěn gāo.
④ Xià ge yuè jiāo.

2. 边听边连线 ◆ CDを聞いて内容が合うものを線でつなぎなさい。

(1) Zuìjìn zài gàn shénme ne?　　A　あなたのレベルは高いです。

(2) Wǒ kěyǐ wǎn yìdiǎnr jiāo ma?　　B　近頃どうしていますか。

(3) Liù jí de tīnglì yǒudiǎnr nán.　　C　少し遅く提出してもいいですか。

(4) Nǐ de lùnwén dǎsuan shénme shíhou jiāo?　　D　何級を受はるつもりですか。

(5) Wǒ zhèngzài zhǔnbèi wǔ jí de nèiróng.　　E　6級のリスニングは少し難しいです。

(6) Nǐ de shuǐpíng hěn gāo.　　F　論文はいつ頃提出するつもりですか。

(7) Nǐ dǎsuan kǎo jǐ jí?　　G　ちょうど5級の中味に備えているところです。

第十四课　我在准备考试

3. 标调或注音 ◆ 声調符号やピンインをつけなさい。

① 听音标声调　◆発音を聞いて声調符号をつけなさい。

（1）	（2）	（3）
Liu ji de tingli youdianr nan.	Ruguo tai mang, ni jiu xia ge yue jiao ba.	Wo zai zhunbei HSK kaoshi.

② 听音标拼音　◆発音を聞いてピンインをつけなさい。

（1）	（2）	（3）
考6级也没问题。	你的水平很高。	最近在干什么呢？

4. 看图说话 ◆ 絵を見ながら、下線部に言葉を入れて文を完成させなさい。

①

A: Zuìjìn zài gàn shénme ne?

Shì ma? Nǐ dǎsuan kǎo jǐ jí?

B: Wǒ zài zhǔnbèi HSK kǎoshì.

Wǒ dǎsuan kǎo liù jí.

②

A: Zuìjìn zài gàn shénme ne?

Shì ma? Nǐ dǎsuan kǎo jǐ jí?

B: Wǒ zài zhǔnbèi_____ kǎoshì.

Wǒ dǎsuan kǎo_____.

英检　Yīngjiǎn　名　英語検定試験

③

A  B

Nǐ de lùnwén dǎsuan shénme shíhou jiāo?

Rúguǒ tài máng, nǐ jiù xià ge yuè jiāo ba.

Duìbuqǐ, wǒ kěyǐ wǎn yìdiǎnr jiāo ma?

④

A  B

Nǐ de _____ dǎsuan shénme shíhou jiāo?

Rúguǒ tài máng, nǐ jiù _____ jiāo ba.

Duìbuqǐ, wǒ kěyǐ wǎn yìdiǎnr jiāo ma?

本课学过的基本句型　◆この課で学んだ基本文型

1　你打算考几级？　　　　　　Nǐ dǎsuan kǎo jǐ jí?
2　我正在准备5级的内容。　　　Wǒ zhèngzài zhǔnbèi wǔ jí de nèiróng.
3　考6级也没问题。　　　　　　Kǎo liù jí yě méi wèntí.
4　6级的听力有点儿难。　　　　Liù jí de tīnglì yǒudiǎnr nán.
5　我可以晚一点儿交吗？　　　　Wǒ kěyǐ wǎn yìdiǎnr jiāo ma?
6　如果太忙，你就下个月交吧。Rúguǒ tài máng, nǐ jiù xià ge yuè jiāo ba.

第十四课　我在准备考试

扩展练习　◆ステップアップ

短文　◆　短文

　　下个月有HSK考试,我和朋友都想参加。朋友想考6级,我想考5级。本来,我也打算考6级,但是后来发现6级的听力有点儿难。我觉得我的水平还不行,就改了主意。我现在真是太忙了,每天都在拼命学汉语。

　　Xià ge yuè yǒu HSK kǎoshì, wǒ hé péngyou dōu xiǎng cānjiā. Péngyou xiǎng kǎo liù jí, wǒ xiǎng kǎo wǔ jí. Běnlái, wǒ yě dǎsuan kǎo liù jí, dànshi hòulái fāxiàn liù jí de tīnglì yǒudiǎnr nán. Wǒ juéde wǒ de shuǐpíng hái bù xíng, jiù gǎile zhúyi. Wǒ xiànzài zhēnshì tài máng le, měi tiān dōu zài pīnmìng xué Hànyǔ.

生词　◆　新出単語

1.	参加	cānjiā	動	参加する
2.	本来	běnlái	副	もともと
3.	后来	hòulái	名	その後
4.	发现	fāxiàn	動	気づく、見付ける
5.	觉得	juéde	動	～と思う、感じる
6.	改	gǎi	動	改める、変える
7.	主意	zhǔyì(zhúyi)	名	考え
8.	拼命	pīnmìng	副	懸命に、死に物狂いで

1. 替换练习　◆　例文にならって、下線部の言葉を置き換えて練習しなさい。

(例)准备考试	(1) 看电视	(2) 打电话	(3) 做作业	(4) 听音乐

（例）　　Xiànzài nǐ zài gàn shénme?
　　　A：现在 你在 干 什么?

Wǒ zài zhǔnbèi kǎoshì.

B：我 在 准备 考试。

②

(例)HSK考试	(1) 这个菜	(2) 你的身体	(3) 这个相机	(4) 她的中文
6级的听力	味道	今天	价钱	发音
难	怪	累	贵	不好

* 怪　guài　形　おかしい、変だ
* 价钱　jiàqián　名　值段

(例)

HSK kǎoshì zěnmeyàng?

A：HSK考试 怎么样？

　　　Liù jí de tīnglì yǒudiǎnr nán.

B：6级 的 听力 有点儿 难。

③

(例)我	(1) 我们	(2) 这块蛋糕	(3) 这儿	(4) 现在
晚一点儿交	一起参加	全都吃了	抽烟	关门

(例)

Wǒ kěyǐ wǎn yìdiǎnr jiāo ma?

A：我 可以 晚 一点儿 交 吗？

　　　Kěyǐ.

B：可以。

④

(例)太忙	(1) 下大雪	(2) 担心	(3) 太累	(4) 没有时间
下星期	今天	晚上	回家	马上
交论文	不用去	跟我一起去	睡觉	坐新干线去

* 不用　búyòng　副　～しなくてもよい
* 马上　mǎshàng　副　すぐさま

第十四课　我在准备考试

（例）　　　　Rúguǒ tài máng, nǐ jiù xià xīngqī jiāo lùnwén ba.
　　A：如果 太 忙， 你 就 下星期 交 论文 吧。
　　　　　　　Xièxie.
　　B：谢谢。

2. 看准考证回答问题　◆　受験票を見ながら、質問に答えなさい。

HSK准考证				
姓名	田中一郎	性别	男	
国籍	日本	考试地点	北京大学	
级别	5级	考试时间	10:00-12:00	
考号	657-968-346800-2			

注意事项
1. ＊＊＊＊＊＊＊＊＊＊＊＊＊＊
2. ＊＊＊＊＊＊＊＊＊＊＊＊＊＊
3. ＊＊＊＊＊＊＊＊＊＊＊＊＊＊
4. ＊＊＊＊＊＊＊＊＊＊＊＊＊＊
5. ＊＊＊＊＊＊＊＊＊＊＊＊＊＊
6. ＊＊＊＊＊＊＊＊＊＊＊＊＊＊

* 姓名　xìngmíng　　名　氏名
* 地点　dìdiǎn　　　名　場所、会場
* 级别　jíbié　　　　名　等級、(テストなどの)レベル
* 考号　kǎohào　　　名　受験番号

　　　Shéi cānjiā kǎoshì?
① 谁 参加 考试？
　　　Tā de kǎohào shì duōshao?
② 他的 考号 是 多少？
　　　Tā kǎo shénme nèiróng?
③ 他 考 什么 内容？

Kǎoshì dìdiǎn zài nǎr?
④ 考试 地点 在 哪儿？

Kǎoshì shíjiān cóng jǐ diǎn dào jǐ diǎn?
⑤ 考试 时间 从 几点 到 几点？

3. 根据自己的情况回答问题 ◆ 自分の状況をふまえ、質問に答えなさい。

Zuìjìn nǐ zài gàn shénme?
① 最近你在 干 什么？

Nǐ xiǎng cānjiā HSK kǎoshì ma?
② 你 想 参加 HSK 考试 吗？

Nǐ de Hànyǔ shuǐpíng zěnmeyàng?
③ 你的汉语 水平 怎么样？

Nǐ yí ge xīngqī yǒu jǐ jié Hànyǔ kè?
④ 你一个星期有 几节 汉语 课？

Nǐ juéde Hànyǔ nán háishi Yīngyǔ nán?
⑤ 你 觉得汉语 难 还是 英语 难？

朗读诗歌 ◆ 次の漢詩を朗読しなさい ◆

Jiāngxuě
江 雪

Liǔ Zōngyuán
柳 宗元

Qiān shān niǎo fēi jué
千 山 鸟 飞 绝

Wàn jìng rén zōng miè
万 径 人 踪 灭

Gū zhōu suō lì wēng
孤 舟 蓑 笠 翁

Dú diào hán jiāng xuě
独 钓 寒 江 雪

　　　　江　雪
千山　鳥の飛ぶこと絶え
万径　人蹤　滅す
孤舟　蓑笠の翁
独り釣る　寒江の雪
　　　　　　　　＜柳宗元＞

第十五课　我以前看过一次相扑
Dì shíwǔ kè　Wǒ yǐqián kànguo yí cì xiāngpū

≈≈スポーツを語る≈≈

会话　◆会話

在教室里的会话
Zài jiàoshì li de huìhuà

◆ 教室での会話

Shāntián: Zài Zhōngguó, shénme tǐyù yùndòng zuì shòu huānyíng?
Lǐ Huá: Yǐqián shì pīngpāngqiú, xiànzài dàgài shì zúqiú ba.
Shāntián: Wǒ xiǎo shíhou hěn xǐhuan zúqiú, tīle sān nián zúqiú.
Lǐ Huá: Xiànzài bù tī le?
Shāntián: Bù tī le, wǒ xiànzài duì yóu yǒng gèng gǎn xìngqù.
Lǐ Huá: Nǐ jīngcháng qù yóu yǒng ma?
Shāntián: Jīngcháng qù, yí ge xīngqī qù yóu wǔ cì.
Lǐ Huá: Wǒ bú shàncháng tǐyù yùndòng, búguò, wǒ xǐhuan kàn bǐsài.
Shāntián: Wǒ yě xǐhuan kàn bǐsài, wǒ jīngcháng kàn xiāngpū bǐsài.
Lǐ Huá: Xiāngpū? Wǒ yǐqián kànguo yí cì xiāngpū, hěn yǒu yìsi.

山田：在中国，什么体育运动最受欢迎？
李华：以前是乒乓球，现在大概是足球吧。
山田：我小时候很喜欢足球，踢了三年足球。
李华：现在不踢了？
山田：不踢了，我现在对游泳更感兴趣。
李华：你经常去游泳吗？
山田：经常去，一个星期去游五次。
李华：我不擅长体育运动，不过，我喜欢看比赛。

第十五课　我以前看过一次相扑

山田：我也喜欢看比赛，我经常看相扑比赛。
李华：相扑？我以前看过一次相扑，很有意思。

生词和短语　◆新出単語と短文表現

1.	体育运动	tǐyù yùndòng		スポーツ
2.	最	zuì	副	最も
3.	受欢迎	shòu huānyíng		人気がある
4.	大概	dàgài	副	たぶん、おそらく
5.	足球	zúqiú	名	サッカー
6.	小时候	xiǎo shíhou		小さいとき
7.	踢	tī	動	蹴る、(サッカー)をする
8.	对	duì	介	～に、～に対して
9.	游泳	yóu yǒng	動	水泳(をする)
10.	更	gèng	副	更に
11.	感兴趣	gǎn xìngqù		興味を覚える
12.	经常	jīngcháng	副	いつも、しょっちゅう
13.	星期	xīngqī	名	週、週間
14.	次	cì	量	(動作の回数を数える)～回
15.	擅长	shàncháng	動	長じている、たけている
16.	不过	búguò	接	ただ、ただし、しかし
17.	比赛	bǐsài	名	試合
18.	过	guo	助	動詞の後に付けて体験したことを表す、～したことがある
19.	相扑	xiāngpū	名	相撲
20.	有意思	yǒu yìsi		おもしろい

生词练习　◆単語練習

1. 听音标序号 ◆ 発音を聞いて下の日本語に番号をつけなさい。

①

サッカー	週間	試合	おもしろい	水泳

②

蹴る	ただし	人気がある	おそらく	小さいとき

③

相撲	スポーツ	長じている	いつも	興味を覚える

2. 听音标序号 ◆ 発音を聞いて下の絵に番号をつけなさい。

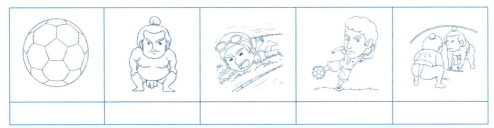

3. 听音标序号 ◆ 発音を聞いて下の漢字に番号をつけなさい。

①

体育运动	感兴趣	星期	更	擅长

②

经常	小时候	不过	有意思	游泳

③

最	受欢迎	大概	次	对

4. 注音朗读 ◆ 下の単語にピンインをつけて発音しなさい。

①

大概	经常	游泳	有意思	比赛

第十五课　我以前看过一次相扑

②

体育运动	受欢迎	感兴趣	最	不过

③

踢	小时候	星期	擅长	相扑

会话练习　◆会話練習

1. 跟读写汉字　◆ CDを聞いて発音した上で、漢字を書き入れなさい。

① Xǐhuan zúqiú.　　　　② Xiànzài bù tī le.
③ Kànguo yí cì.　　　　④ Bú shàncháng tǐyù yùndòng.

2. 边听边连线　◆ CDを聞いて内容が合うものを線でつなぎなさい。

(1) Wǒ duì yóu yǒng gèng gǎn xìngqù.　　　A　しょっちゅう泳ぎに行きますか。

(2) Wǒ xǐhuan kàn bǐsài.　　　B　試合を見るのが好きです。

(3) Wǒ yí ge xīngqī qù yóu wǔ cì.　　　C　一週間に五回は泳ぎにいきます。

(4) Shénme tǐyù yùndòng zuì shòu huānyíng?　　　D　どんなスポーツが一番人気がありますか。

(5) Wǒ tīle sān nián zúqiú.　　　E　私は昔一度相撲を見たことがあります。

(6) Nǐ jīngcháng qù yóu yǒng ma?　　　F　私はサッカーを三年間やりました。

(7) Wǒ yǐqián kànguo yí cì xiāngpū.　　　G　私は水泳のほうに興味があります。

3. 标调或注音 ◆ 声調符号やピンインをつけなさい。

① 听音标声调 ◆ 発音を聞いて声調符号をつけなさい。

(1)	(2)	(3)
Bu shanchang tiyu yundong.	Xiao shihou hen xihuan zuqiu.	Yiqian kanguo yi ci xiangpu.

② 听音标拼音 ◆ 発音を聞いてピンインをつけなさい。

(1)	(2)	(3)
我现在对游泳更感兴趣。	我也喜欢看比赛。	你经常去游泳吗？

4. 看图说话 ◆ 絵を見ながら、下線部に言葉を入れて文を完成させなさい。

①

A: Wǒ xiǎo shíhou tīle sān nián zúqiú.
Bù tī le, wǒ xiànzài duì yóu yǒng gèng gǎn xìngqù.

B: Xiànzài bù tī le?

②

A: Wǒ_____ tīle sān nián zúqiú.
Bù tī le, wǒ xiànzài duì_____ gèng gǎn xìngqù.

B: Xiànzài bù tī le?

第十五课 我以前看过一次相扑

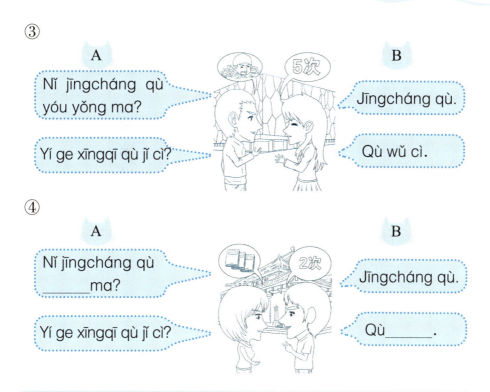

③
A: Nǐ jīngcháng qù yóu yǒng ma?
　　Yí ge xīngqī qù jǐ cì?
B: Jīngcháng qù.
　　Qù wǔ cì.

④
A: Nǐ jīngcháng qù _____ ma?
　　Yí ge xīngqī qù jǐ cì?
B: Jīngcháng qù.
　　Qù _____.

本课学过的基本句型　◆この課で学んだ基本文型

1. 在中国，什么体育运动最受欢迎？　Zài Zhōngguó, shénme tǐyù yùndòng zuì shòu huānyíng?
2. 我踢了三年足球。　Wǒ tīle sān nián zúqiú.
3. 我现在对游泳更感兴趣。　Wǒ xiànzài duì yóu yǒng gèng gǎn xìngqù.
4. 一个星期去游五次。　Yí ge xīngqī qù yóu wǔ cì.
5. 我不擅长体育运动。　Wǒ bú shàncháng tǐyù yùndòng.
6. 我以前看过一次相扑。　Wǒ yǐqián kànguo yí cì xiāngpū.

扩展练习 ◆ステップアップ

短文 ◆ 短文

　　小时候，我踢过三年足球。那时候，我想当足球选手，所以，训练特别刻苦。上大学以后，我对游泳更感兴趣了。我现在经常去游泳，一个星期去游五次。不过，我并不想当职业选手，游泳只是我的业余爱好。

　　Xiǎo shíhou, wǒ tīguo sān nián zúqiú. Nà shíhou, wǒ xiǎng dāng zúqiú xuǎnshǒu, suǒyǐ, xùnliàn tèbié kèkǔ. Shàng dàxué yǐhòu, wǒ duì yóu yǒng gèng gǎn xìngqù le. Wǒ xiànzài jīngcháng qù yóu yǒng, yí ge xīngqī qù yóu wǔ cì. Búguò, wǒ bìng bù xiǎng dāng zhíyè xuǎnshǒu, yóu yǒng zhǐ shì wǒ de yèyú àihào.

生词 ◆ 新出単語

1.	当	dāng	動	～になる
2.	选手	xuǎnshǒu	名	選手
3.	所以	suǒyǐ	接	だから
4.	训练	xùnliàn	動	訓練する
5.	刻苦	kèkǔ	形	骨身を惜しまない
6.	上大学	shàng dàxué		大学に入る
7.	并	bìng	副	決して、その上
8.	职业	zhíyè	名	職業、プロ
9.	业余	yèyú	名	アマチュア

1. 替换练习 ◆ 例文にならって、下線部の言葉を置き換えて練習しなさい。

①

(例)看	(1)去	(2)打	(3)包	(4)学
相扑	中国	乒乓球	饺子	法语

第十五课　我以前看过一次相扑

(例)

　　　　Nǐ kànguo xiāngpū ma?
A：你 看过　相扑　吗？
　　　　Méi kànguo.
B：没　看过。

②

(例)踢过	(1)学过	(2)当过	(3)打过	(4)写过
足球	英语	老师	高尔夫球	小说
三年	六年	两年	十年	五年

(例)

　　　　Nǐ tīguo zúqiú ma?
A：你 踢过 足球 吗？
　　　　Yǐqián wǒ tīguo sān nián zúqiú.
B：以前，我 踢过 三年 足球。

③

(例)踢足球	(1)看比赛	(2)打棒球	(3)听音乐	(4)开车

(例)

　　Wǒ xiǎo shíhou hěn xǐhuan tī zúqiú, xiànzài bù tī le.
　　我 小 时候 很 喜欢 踢足球，现在 不踢了。

④

(例)游泳	(1)书法	(2)古典音乐	(3)电影	(4)高尔夫球
游	学	听	看	打
五次	两次	三次	两次	一次

(例)

　　Wǒ duì yóuyǒng gèng gǎn xìngqù.
　　我 对 游泳 更 感 兴趣。
　　Yí ge xīngqī qù yóu wǔ cì.
　　一个 星期 去游 五次。

2. 看电视节目单回答问题 ◆ テレビの番組表を見ながら、質問に答えなさい。

2014年3月6日(星期四)电视节目(体育)预告	
时间	内容
18:00—18:30	中韩女子乒乓球比赛
18:40—19:20	中美男子滑雪比赛
19:25—21:00	世界杯足球赛
21:05—21:50	少年男子游泳比赛
22:00—23:15	日本棒球比赛

    Jīntiān wǎnshang yǒu jǐ chǎng tǐyù bǐsài?
① 今天 晚上 有 几场 体育 比赛?

    Pīngpāngqiú shì nǎ ge duì hé nǎ ge duì bǐsài?
② 乒乓球 是 哪个 队 和 哪个 队 比赛?

    Zhōngguó duì hé Měiguó duì shì shénme bǐsài?
③ 中国 队 和 美国 队 是 什么 比赛?

    Yóuyǒng bǐsài yào kàn duō cháng shíjiān?
④ 游泳 比赛 要 看 多长 时间?

    Bàngqiú bǐsài jǐ diǎn kāishǐ?
⑤ 棒球 比赛 几点 开始?

*队 duì 名 チーム

3. 根据自己的情况回答问题 ◆ 自分の状況をふまえ、質問に答えなさい。

    Nǐ shàncháng shénme tǐyù yùndòng?
① 你 擅长 什么 体育 运动?

    Zài Rìběn shénme tǐyù yùndòng zuì shòu huānyíng?
② 在 日本 什么 体育 运动 最 受 欢迎?

    Zuìjìn nǐ kànguo shénme tǐyù bǐsài?
③ 最近 你 看过 什么 体育 比赛?

    Nǐ duì zúqiú gǎn xìngqù ma?
④ 你 对 足球 感 兴趣 吗?

    Nǐ yǒu shénme yèyú àihào?
⑤ 你 有 什么 业余 爱好?

第十五课　我以前看过一次相扑

朗读诗歌 ◆ 次の漢詩を朗読しなさい。

Dēng Guànquèlóu
登　鹳雀楼
　　　Wáng Zhīhuàn
　　　王之涣
Bái rì　yī shān jìn
白日依山尽
Huáng Hé rù hǎi liú
黄　河入海流
Yù qióng qiān lǐ　mù
欲　穷　千里目
Gèng shàng yì céng lóu
更　上　一层楼

　鹳雀楼に登る
　白日　山に依りて尽き
　黄河　海に入りて流る
　千里の目を窮めんと欲して
　更に上る一層の楼

　　　　　　　＜王之涣＞

第十三課～第十五課・文法のまとめ

<第十三課>

1.「是…的」構文
　　すでに起こったことについて、「時、場所、方法、手段、目的」などを強調する（新しい情報として伝える）構文で、「是」は省略されることがある。
　　你是什么时候到的？　　（いつ頃、着かれたのですか。）
　　40分钟以前到的。　　　（四十分前に着きました。）
　　今天我是从学校来的。　（今日は、学校から来たのです。）

2. 複合方向補語
　　すでに<第十二課>で「単純方向補語」について学んだが、二つのグループの方向補語を組み合わせることで、動作の方向をさらに複雑にあらわすことができる。

　　| 上 下 进 出 过 回 起　＋　来 去 |

　　我们出去吧。　　　　（私たち出かけましょうよ。）
　　他们跑出去了。　　　（かれらは走り出ていきました。）
　　车多起来了。　　　　（車が増えてきました。）
　　＊跑　pǎo　動　走る

3. 可能性をあらわす助動詞の「会」
　　<第十一課>で可能をあらわす助動詞「会」を学んだが、この助動詞は可能性をあらわすこともできる。
　　今天会堵车。　　　　（今日は渋滞するでしょう。）
　　明天会下雨。　　　　（明日は雨になるでしょう。）

4.「多＋形容詞」の構文

形容詞の前に「多」を置いて、その形容詞の程度が「どれくらい」かを尋ねることができる。「多」の前に「有」が置かれることもある。

从你们学校到机场要多长时间？
(学校から空港までどれくらいの時間がかかりますか。)
富士山有多高？
(富士山はどれくらいの高さですか。)

5. 介詞「从」、「到」

介詞の「从」は空間的・時間的な起点を、介詞の「到」はその終着点をあらわす。「～から」、「～まで」
从上午八点到十二点上课。
(午前八時から十二時まで授業があります。)
从他们大学到机场要半个小时。
(かれらの大学から空港まで半時間かかります。)

＜第十四課＞

1.「正在＋動詞～呢」の構文

副詞の「正」、「在」、「正在」は、動詞の前に置かれて動作が進行中であることをあらわす。この場合、文末に「呢」が置かれることがある。
他们在一起看电视呢。（かれらは一緒にテレビを見ています。）
我正在准备5级的内容。（私は五級の内容に備えているところです。）

2. 可能の助動詞「可以」

助動詞「可以」は、「許可・可能・勧誘」の意味をあらわすことができる。
我可以晚一点儿交吗？　　（少し遅れて提出してもいいですか。）
这个教室可以坐五十个人。（この教室は、五十人坐れます。）
这个苹果很好吃，你可以尝尝。
(このリンゴはとてもおいしいですよ、ためしてごらんよ。)

3.「如果～就～」の構文
　　この文型を使って、「もし～なら、～だ」という仮定の言い方ができる。
　如果太忙,你就下个月交吧。
　（もし忙しいなら、来月に提出しなさい。）
　如果明天你有时间,就来我家吧。
　（明日もし時間があるなら、私の家においでなさい。）

4.「一点儿」と「有点儿」
　　「一点儿」（＜第八課＞参照）は「差量補語」として述語の後ろに置かれ、「少し～だ」という意味になり、「有点儿」は副詞として述語の前に置かれ、意味するところに違いはないが、「有点儿」はマイナスイメージを伴うことが多い。
　我可以晚一点儿交吗?
　（少し遅れて提出していいですか?）
　6级的听力有点儿难。
　（六級のリスニングは、ちょっと難しいです。）

＜第十五課＞

1. 介詞の「对」
　　「对」は「～に対して」、「～について」、「～にとって」という意味をあらわす。
　我现在对游泳更感兴趣。　（今は水泳のほうに興味があります。）
　睡得太晚对身体不好。
　（寝るのが遅いのは、身体によくありませんよ。）

2. アスペクト助詞の「过」
　　動詞の後に「过」をつけて、その動作を過去に体験したことをあらわす。「～したことがある」。否定するには「没有」を動詞の前に置く。
　我以前看过一次相扑。　（私は以前、一度相撲を見たことがありま

第十三課～第十五課・文法のまとめ

す。）
我没有去过中国。　　　　（私は中国に行ったことはありません。）

3. 数量補語

「数量補語」は述語である動詞の後に置かれ、動作や行為が行われる回数（「動量補語」）や、行われる時間の長さ（「時量補語」）をあらわす。

① 「動量補語」（動作の回数をあらわす：～次、～回、～遍など）
　　目的語をとる場合は、
　　主語＋動詞＋動量補語＋目的語
　　の形をとる。しかし、目的語が代詞の時には、補語の前に置く。
　　我一个星期去游五次。　　（一週間に五回は泳ぎに行きます。）
　　我看了三遍这个小说。　　（私はこの小説を三回読みました。）
　　她去过那儿两次。　　　　（彼女は二度そこに行きました。）

② 「時量補語」（時間の長さをあらわす：～分钟、～小时、～星期など）
　　目的語をとる場合は、上記「動量補語」とおなじ語順となるが、
　　主語＋動詞＋目的語＋動詞＋時量補語
　　という形もある。
　　我踢了三年足球。　　　　（私は三年間サッカーをやりました。）
　　我看电视看了三个小时。（私は三時間テレビを見ました。）

★★可能をあらわす助動詞「能」「会」「可以」★★

可能	能力	能, 可以	它能拍照片吗？＜九課＞
			这个教室可以坐五十个人。＜十四課＞
	習得した能力	会	我不会说广东话。＜十一課＞
許可		能, 可以	我可以晚一点儿交吗？＜十四課＞
可能性		能, 会	今天会堵车。＜十三課＞
勧誘		可以	这个苹果很好吃，你可以尝尝！＜十四課＞

Dì shíliù kè　Rìběn jièmo mǎidào le ma
第十六课　日本芥末买到了吗
買い物をする

会话　◆会話

Zài lù shang pèngjiàn shí de huìhuà
在路上碰见时的会话
◆ 道でばったり出会った時の会話

Lǐ Huá: Shāntián, Rìběn jièmo mǎidào le ma?
Shāntián: Méi mǎidào.
Lǐ Huá: Wǒ zài Xīdān kànjiàn le. Zhōngwǔ wǒ qù Xīdān, nǐ qù bu qù?
Shāntián: Qù. Nǐ qù mǎi shénme?
Lǐ Huá: Wǒ qù mǎi tiáoliào. Xiànzài yǒu Sìchuān shípǐn zhǎnxiāo.
Shāntián: Shì ma? Sìchuān tiáoliào hěn yǒumíng.
Lǐ Huá: Wǒ zuótiān qùle yí cì, Sìchuān de mìjú, zhàcài shénmede mǎile bùshǎo.
Shāntián: Wèishénme méi mǎi tiáoliào?
Lǐ Huá: Wǒ qián bú gòu le, suǒyǐ méi mǎi.
Shāntián: Nà wǒmen xiān qù chī fàn, chīwán fàn yǐhòu gòu wù, zěnmeyàng?
Lǐ Huá: Xíng.

李华：山田，日本芥末买到了吗？
山田：没买到。
李华：我在西单看见了。中午我去西单，你去不去？
山田：去。你去买什么？
李华：我去买调料。现在有四川食品展销。
山田：是吗？四川调料很有名。

第十六课　　日本芥末买到了吗

李华：我昨天去了一次,四川的蜜橘、榨菜什么的买了不少。
山田：为什么没买调料？
李华：我钱不够了,所以没买。
山田：那我们先去吃饭,吃完饭以后购物,怎么样？
李华：行。

生词和短语　◆新出単語と短文表現

1. 日本芥末	Rìběn jièmo		わさび
2. 买到	mǎidào		（買って）手に入れる
3. 中午	zhōngwǔ	名	正午、昼
4. 西单	Xīdān	名	西単（北京にある繁華街の名称）
5. 看见	kànjiàn	動	見える
6. 调料	tiáoliào	名	調味料
7. 四川	Sìchuān	名	四川（地名）
8. 食品	shípǐn	名	食品
9. 展销	zhǎnxiāo	動	展示即売する
10. 蜜橘	mìjú	名	蜜柑
11. 榨菜	zhàcài	名	ザーサイ
12. 什么的	shénmede	代	などなど、～とか
13. 为什么	wèi shénme		なぜ、どうして
14. 够	gòu	形	充分である、足りる
15. 完	wán	動	終わる、完了する
16. 购物	gòu wù	動	ショッピングをする

生词练习　◆単語練習

1. 听音标序号　◆ 発音を聞いて下の日本語に番号をつけなさい。

①

お昼	足りる	ショッピング	手に入れる	終わる

②

どうして	わさび	食品	などなど	西单

③

調味料	見える	展示即売する	四川	蜜柑

2. 听音标序号 ◆ 発音を聞いて下の絵に番号をつけなさい。

3. 听音标序号 ◆ 発音を聞いて下の漢字に番号をつけなさい。

①

什么的	够	蜜橘	西单	看见

②

日本芥末	展销	调料	为什么	购物

③

四川	中午	买到	食品	榨菜

第十六课　日本芥末买到了吗

4. 注音朗读 ◆ 下の単語にピンインをつけて発音しなさい。

①

(1)	(2)	(3)	(4)	(5)
买到	看见	够	为什么	中午

②

(1)	(2)	(3)	(4)	(5)
食品	什么的	四川	展销	完

③

(1)	(2)	(3)	(4)	(5)
购物	芥末	调料	西单	蜜橘

会话练习　◆会話練習

1. 跟读写汉字 ◆ CDを聞いて発音した上で、漢字を書き入れなさい。

① Méi mǎidào.
② Qián bú gòu le.
③ Kànjiàn le.
④ Wèi shénme méi mǎi?

2. 边听边连线 ◆ CDを聞いて内容が合うものを線でつなぎなさい。

(1) Rìběn jièmò mǎidào le ma?　　A　お昼に私は西単に行きます。
(2) Sìchuān tiáoliào hěn yǒumíng.　　B　四川の調味料はとても有名です。
(3) Zhōngwǔ wǒ qù Xīdān.　　C　何を買いに行きますか。
(4) Chīwán fàn yǐhòu gòu wù, zěnmeyàng?　　D　四川のミカンやザーサイなどたくさん買いました。
(5) Nǐ qù mǎi shénme?　　E　いま、四川食品展示即売会をやっています。
(6) Xiànzài yǒu Sìchuān shípǐn zhǎnxiāo.　　F　わさびは手に入りましたか。
(7) Sìchuān de mìjú, zhàcài shénmede mǎile bù shǎo.　　G　食事が終わってから買い物をするというのはどうですか。

3. 标调或注音 ◆ 声調符号やピンインをつけなさい。

① 听音标声调　◆発音を聞いて声調符号をつけなさい。

(1)	(2)	(3)
Wo zai Xidan kanjian le.	Wei shenme mei mai tiaoliao?	Wo qian bu gou le.

② 听音标拼音　◆発音を聞いてピンインをつけなさい。

(1)	(2)	(3)
我昨天去了一次。	我去买调料。	中午我去西单。

4. 看图说话 ◆ 絵を見ながら、下線部に言葉を入れて文を完成させなさい。

①

A
- Rìběn jièmo nǐ mǎidào le ma?
- Wǒ zài Xīdān kànjiàn le.

B
- Méi mǎidào.
- Shì ma? Xièxie nǐ.

②

A
- ＿＿＿ nǐ mǎidào le ma?
- Wǒ zài＿＿＿ kànjiàn le.

B
- Méi mǎidào.
- Shì ma? Xièxie nǐ.

＊王府井　Wángfǔjǐng　名　王府井(地名)

第十六课　日本芥末买到了吗

③
A：Wǒmen xiān qù chī fàn, chīwán fàn yǐhòu gòu wù zěnmeyàng?
B：Xíng.

④
A：Wǒmen xiān qù＿＿＿, ＿＿＿ wán ＿＿＿ yǐhòu ＿＿＿zěnmeyàng?
B：Xíng.

本课学过的基本句型　◆この課で学んだ基本文型

1. 日本芥末没买到。　Rìběn jièmo méi mǎidào.
2. 我在西单看见了。　Wǒ zài Xīdān kànjiàn le.
3. 四川的蜜橘、榨菜什么的买了不少。　Sìchuān de mìjú, zhàcài shénmede mǎile bù shǎo.
4. 为什么没买调料？　Wèi shénme méi mǎi tiáoliào?
5. 我钱不够了。　Wǒ qián bú gòu le.
6. 吃完饭以后购物，怎么样？　Chīwán fàn yǐhòu gòu wù, zěnmeyàng?

中日桥汉语 初级下

扩展练习 ◆ステップアップ

短文 ◆ 短文

前天,我和小李一起去西单购物,正好那天有四川食品展销,我们买了很多东西。小李买的主要是调料,辣油、豆瓣酱什么的,都是辣的。我一直想吃四川的小蜜橘,那天买到了。另外,我还买到了日本芥末,真高兴!

Qiántiān, wǒ hé Xiǎo Lǐ yìqǐ qù Xīdān gòu wù, zhènghǎo nà tiān yǒu Sìchuān shípǐn zhǎnxiāo, wǒmen mǎile hěn duō dōngxi. Xiǎo Lǐ mǎi de zhǔyào shì tiáoliào, làyóu, dòubànjiàng shénmede, dōu shì là de. Wǒ yìzhí xiǎng chī Sìchuān de xiǎo mìjú, nà tiān mǎidào le. Lìngwài, wǒ hái mǎidào le Rìběn jièmo, zhēn gāoxìng!

生词 ◆ 新出单語

1. 前天　qiántiān　名　おととい
2. 正好　zhènghǎo　副　都合よく、折よく
3. 主要　zhǔyào　副　主に
4. 辣油　làyóu　名　ラー油
5. 豆瓣酱　dòubànjiàng　名　トウバンジャン
6. 辣　là　形　辛い
7. 一直　yìzhí　副　ずっと
8. 另外　lìngwài　接　また、その外に

1. 替换练习 ◆ 例文にならって、下線部の言葉を置き換えて練習しなさい。

（例）日本芥末	（1）女朋友	（2）那本书	（3）老赵	（4）我的信
买	找	借	见	接

*借　jiè　動　借りる、貸す
*信　xìn　名　手紙

第十六课　日本芥末买到了吗

（例）　　　Rìběn jièmo mǎidào le ma?

A：日本 芥末 买到了 吗？

　　　　　Méi mǎidào.

B：没 买到。

②

(例)买	(1) 去	(2) 查	(3) 看	(4) 唱
调料	东京	词典	网球比赛	歌儿
钱	车票	词典	时间	歌词
不够了	没有了	丢了	太晚了	忘了

* 丢　　diū　　動　なくす、落とす
* 歌词　gēcí　　名　歌詞
* 忘　　wàng　　動　忘れる

（例）　　　Wèi shénme méi mǎi tiáoliào?

A：为什么 没 买 调料？

　　　　　Wǒ qián bú gòu le, suǒyǐ méi mǎi.

B：我 钱 不 够 了，所以 没 买。

③

(例)西单	(1) 食品展销会	(2) 超市	(3) 商店	(4) 酒铺
蜜橘	辣油	苹果	领带	清酒
榨菜	豆瓣酱	鸡蛋	衬衣	葡萄酒

* 酒铺　jiǔpù　　名　酒屋

（例）　　　Nǐ zuótiān qù Xīdān mǎi shénme le?

A：你 昨天 去西单 买 什么 了？

　　　　　Mìjú, zhàcài shénmede mǎile bù shǎo.

B：蜜橘、榨菜 什么的 买了 不 少。

④

（例）吃完饭	（1）洗完衣服	（2）看完电视	（3）打完棒球	（4）写完作业
购物	包饺子	出去	喝啤酒	去散步

（例）

　　　　　Chīwán fàn yǐhòu gòu wù, zěnmeyàng?
A：吃完 饭 以后 购物， 怎么样？

　　　　　Xíng.
B：行。

2. 看广告传单回答问题 ◆ 広告宣伝ビラを見ながら、質問に答えなさい。

　　Nǎr yǒu Sìchuān shípǐn zhǎnxiāo?
① 哪儿有 四川 食品 展销？
　　Sìchuān shípǐn zhǎnxiāo néng mǎidào shénme shuǐguǒ?
② 四川 食品 展销 能 买到 什么 水果？
　　Xiǎo mìjú duōshao qián yì jīn?
③ 小 蜜橘 多少 钱 一斤？
　　Sìchuān shípǐn zhǎnxiāo yǒu jǐ zhǒng shūcài?
④ 四川 食品 展销 有 几种 蔬菜？

第十六课　日本芥末买到了吗

　　　Nǎzhǒng shípǐn piányi?
⑤ 哪种　食品　便宜？

3. 根据自己的情况回答问题　◆　自分の状況をふまえ、質問に答えなさい。

　　Nǐ xǐhuan gòu wù ma?
① 你喜欢　购物　吗？
　　Nǐ jīngcháng zài nǎr mǎi dōngxi?
② 你经常　在哪儿买　东西？
　　Nǐ zuì xǐhuan chī shénme shuǐguǒ?
③ 你最喜欢　吃　什么　水果？
　　Nǐ qùguo Xīdān ma?
④ 你去过　西单　吗？
　　Nǐ chīguo Sìchuāncài ma?
⑤ 你吃过　四川菜　吗？

朗读诗歌　◆　次の漢詩を朗読しなさい

Fēng qiáo yè bō
枫 桥 夜 泊
Zhāng Jì
张 继
Yuè luò wū tí shuāng mǎn tiān
月 落 乌 啼 霜 满 天
Jiāng fēng yú huǒ duì chóu mián
江 枫 渔 火 对 愁 眠
Gūsū chéng wài Hánshān Sì
姑 苏 城 外 寒 山 寺
Yè bàn zhōng shēng dào kè chuán
夜 半 钟 声 到 客 船

楓橋 夜泊

月落ち　烏啼いて　霜　天に満つ
江楓　漁火　愁眠に対す
姑蘇城外の寒山寺
夜半の鐘音　客船に到る

<張 継>

第十七课　昨天睡得太晚了
Dì shíqī kè　Zuótiān shuì de tài wǎn le
~~試験を前にして~~

会话 ◆会話

校园　里 的 对话
Xiàoyuán lǐ　de duìhuà
◆ キャンパスでの会話

Lǐ Huá: Yo, Shāntián, nǐ liǎnsè bú tài hǎo, zěnme le?

Shāntián: Shì ma? Kěnéng shì wǒ zuótiān shuì de tài wǎn le ba.

Lǐ Huá: Shuì de tài wǎn duì shēntǐ bù hǎo.

Shāntián: Yīnwèi míngtiān yǒu kǒuyǔ kǎoshì, wǒ lián chī fàn de shíjiān dōu méiyǒu.

Lǐ Huá: Nǐ de Hànyǔ shuō de hěn hǎo, yīnggāi méi wèntí.

Shāntián: Nǎli, wǒ shuō Hànyǔ shuō de hái bù liúlì. Rúguǒ kǎo de bù hǎo, nà zhēn bù hǎoyìsi.

Lǐ Huá: Nǐ xiǎng de tài duō le. Éi, nǐ zěnme názhe zhème duō shū a?

Shāntián: Wèile kǎo de hǎo yìdiǎnr, wǒ dǎsuan zhǎo ge dìfang hǎohāor fùxí yíxià.

Lǐ Huá: Túshūguǎn kāizhe, wǒmen yìqǐ qù ba.

李华：哟，山田，你脸色不太好，怎么了？
山田：是吗？可能是我昨天睡得太晚了吧。
李华：睡得太晚对身体不好。
山田：因为明天有口语考试，我连吃饭的时间都没有。
李华：你的汉语说得很好，应该没问题。
山田：哪里，我说汉语说得还不流利。如果考得不好，那真不好意思。
李华：你想得太多了。欸，你怎么拿着这么多书啊？

中日桥汉语　初级下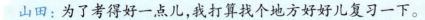

山田：为了考得好一点儿，我打算找个地方好好儿复习一下。
李华：图书馆开着，我们一起去吧。

生词和短语　◆新出単語と短文表現

1. 校园	xiàoyuán	名	キャンパス、校庭
2. 脸色	liǎnsè	名	顔色
3. 睡	shuì	動	眠る
4. 得	de	助	動詞や形容詞の後につけて、様子・程度・様態などを表す補語を導く。
5. 因为	yīnwèi	接	〜なので、〜だから
6. 口语	kǒuyǔ	名	口語、会話文
7. 连…都…	lián...dōu...		〜さえも、〜までも
8. 应该	yīnggāi	助動	〜のはずだ
9. 问题	wèntí	名	問題
10. 哪里	nǎli		いやいや、とんでもない
11. 流利	liúlì	形	流暢だ
12. 拿	ná	動	持つ
13. 着	zhe	助	動詞の後につけて、動作の結果・状態の持続を表す。〜ている、〜てある
14. 为了	wèile	介	〜のために
15. 找	zhǎo	動	探す
16. 地方	dìfang	名	場所、ところ
17. 好好儿	hǎohāor	副	しっかりと、十分に
18. 复习	fùxí	動	復習する
19. 开	kāi	動	開ける、(車)を運転する、スイッチを入れる

第十七课　昨天睡得太晚了

生词练习　◆単語練習

1. 听音标序号　◆　発音を聞いて下の日本語に番号をつけなさい。

①

しっかりと	流暢だ	試験を受ける	〜ために	持つ

②

顔色	キャンパス	問題	復習する	探す

③

口語	〜のはずだ	場所	開ける	〜なので

2. 听音标序号　◆　発音を聞いて下の絵に番号をつけなさい。

3. 听音标序号　◆　発音を聞いて下の漢字に番号をつけなさい。

①

复习	地方	考	脸色	口语

②

校园	开	哪里	找	好好儿

③

因为	应该	流利	为了	问题

4. 注音朗读 ◆ 下の単語にピンインをつけて発音しなさい。

①

流利	好好儿	口语	问题	脸色

②

校园	拿	哪里	找	开

③

因为	应该	复习	为了	地方

会话练习 ◆会話練習

1. 跟读写汉字 ◆ CDを聞いて発音した上で、漢字を書き入れなさい。

① Shuì de tài wǎn le.　　② Liǎnsè bú tài hǎo.
③ Túshūguǎn kāizhe.　　④ Wǒmen yìqǐ qù ba.

第十七课　昨天睡得太晚了

2. 边听边连线 ◆ CDを聞いて内容が合うものを線でつなぎなさい。

(1) Nǐ liǎnsè bú tài hǎo, zěnme le?　　A　あなたの中国語は上手ですね。

(2) Nǐ de Hànyǔ shuō de hěn hǎo.　　B　寝るのが遅いのは体に良くないです。

(3) Wèile kǎo de hǎo yìdiǎnr, wǒ dǎsuan hǎohāor fùxí yíxià.　　C　どうしてこんなにたくさんの本を持っているの。

(4) Shuì de tài wǎn duì shēntǐ bù hǎo.　　D　テストで少しでもいい点数を取るため、しっかり復習しようと思います。

(5) Nǐ zěnme názhe zhème duō shū?　　E　顔色があまりよくないわ、どうしたの。

(6) Wǒ shuō Hànyǔ shuō de hái bù liúlì.　　F　中国語をしゃべるのは流暢じゃないんだ。

(7) Wǒ lián chī fàn de shíjiān dōu méiyǒu.　　G　食事をする時間さえありませんでした。

3. 标调或注音 ◆ 声調符号やピンインをつけなさい。

① 听音标声调　◆発音を聞いて声調符号をつけなさい。

(1)	(2)	(3)
Ni xiang de tai duo le.	Mingtian you kouyu kaoshi.	Wo dasuan zhao ge difang.

② 听音标拼音　◆発音を聞いてピンインをつけなさい。

(1)	(2)	(3)
我连吃饭的时间都没有。	如果考得不好，那真不好意思啊。	你脸色不太好，怎么了？

4. 看图说话 ◆ 絵を見ながら、下線部に言葉を入れて文を完成させなさい。

①

A: Yīnwèi míngtiān yǒu kǒuyǔ kǎoshì, wǒ lián chī fàn de shíjiān dōu méiyǒu.

B: Nǐ de Hànyǔ shuō de hěn hǎo, yīnggāi méi wèntí.

②

A: Yīnwèi míngtiān yǒu＿＿＿kǎoshì, wǒ lián chī fàn de shíjiān dōu méiyǒu.

B: Nǐ de＿＿＿shuōde hěn hǎo, yīnggāi méi wèntí.

③

A: Wǒ dǎsuan zhǎo ge dìfang hǎohāor fùxí yíxià.

B: Túshūguǎn kāizhe, wǒmen yìqǐ qù ba.

④

A: Wǒ dǎsuan zhǎo ge dìfang hǎohāor ＿＿＿yíxià.

B: ＿＿＿＿＿kāi zhe, wǒmen yìqǐ qù ba.

＊休息 xiūxi 動 休憩する

第十七课　昨天睡得太晚了

本课学过的基本句型　◆この課で学んだ基本文型

1. 我说汉语说得还不流利。　Wǒ shuō Hànyǔ shuō de hái bù liúlì.
2. 因为明天有口语考试，我昨天睡得太晚了。　Yīnwèi míngtiān yǒu kǒuyǔ kǎoshì, wǒ zuótiān shuì de tài wǎn le.
3. 我连吃饭的时间都没有。　Wǒ lián chī fàn de shíjiān dōu méiyǒu.
4. 为了考得好一点儿，我打算好好儿复习一下。　Wèile kǎo de hǎo yìdiǎnr, wǒ dǎsuan hǎohāor fùxí yíxià.
5. 图书馆开着。　Túshūguǎn kāizhe.
6. 睡得太晚对身体不好。　Shuì de tài wǎn duì shēntǐ bù hǎo.

扩展练习　◆ステップアップ

短文　◆　短文

　　今天下午的会话课有考试，山田因为担心考不好，所以昨天晚上复习得非常认真，连晚饭都忘了。他一会儿听录音，一会儿读课文，后来录音机开着就睡着了。因为他睡得很晚，休息得不好，所以在校园里遇见李华的时候，李华以为他病了。

　　Jīntiān xiàwǔ de huìhuà kè yǒu kǎoshì, Shāntián yīnwèi dānxīn kǎo bu hǎo, suǒyǐ zuótiān wǎnshang fùxí de fēicháng rènzhēn, lián wǎnfàn dōu wàng le. Tā yíhuìr tīng lùyīn, yíhuìr dú kèwén, hòulái lùyīnjī kāizhe jiù shuìzháo le. Yīnwèi tā shuì de hěn wǎn, xiūxi de bù hǎo, suǒyǐ zài xiàoyuán lǐ yùjiàn Lǐ Huá de shíhou, Lǐ Huá yǐwéi tā bìng le.

生词 ◆ 新出単語

1. 会话	huìhuà	動	会話する	
2. 非常	fēicháng	副	非常に	
3. 忘	wàng	動	忘れる	
4. 一会儿…一会儿…	yíhuìr…yíhuìr…		～したり～したりする	
5. 录音	lùyīn	名	録音	
6. 读	dú	動	読む	
7. 课文	kèwén	名	教科書の本文	
8. 录音机	lùyīnjī	名	レコーダー	
9. 着	zháo	動	動詞の後につけ,動作の目的を達成したことをあらわす	
10. 遇见	yùjiàn	動	出会う	
11. 时候	shíhou	名	～の時	
12. 以为	yǐwéi	動	～と思う,～と考える	
13. 病	bìng	動	病気になる	

1. 替换练习 ◆ 例文にならって、下線部の言葉を置き換えて練習しなさい。

（例）听录音	（1）看电视	（2）喝橙汁	（3）抽烟	（4）唱中国歌
读课文	听音乐	喝可乐	喝啤酒	唱日本歌

（例）
   Tā zài gàn shénme?
 A：他 在 干 什么？

   Tā yíhuìr tīng lùyīn yíhuìr dú kèwén.
 B：他一会儿 听 录音，一会儿 读 课文。

第十七课　昨天睡得太晚了

②

(例)晚饭	(1) 图书馆	(2) 自己的名字	(3) 桌子	(4) 星期天
没吃	没去过	不会写	不擦	去学校

(例)　　Tā lián wǎnfàn dōu méi chī.

A：他 连 晚饭 都 没 吃。

　　　Shì ma?

B：是 吗？

③

(例)拿	(1) 坐	(2) 看	(3) 拍	(4) 站
很多书	看报	樱花	照片	吃饭

(例)　　Tā zài gàn shénme ne?

A：他 在 干 什么 呢？

　　　Tā názhe hěn duō shū ne.

B：他 拿着 很 多 书 呢。

④

(例)说	(1) 画	(2) 打	(3) 包	(4) 弹
汉语	画儿	棒球	饺子	钢琴
不流利	不好	不好	不好	不好

(例)　　Wǒ shuō Hànyǔ shuō de hái bù liúlì.

A：我 说 汉语 说得 还 不 流利。

　　　Nǎli, nǎli.

B：哪里，哪里。

2. 看日程安排，回答问题。 ◆ 日程メモを見ながら、質問に答えなさい。

```
              2013年6月 JUNE

10日
         xīngqīyī    Shàngwǔ  huìhuà  tīnglì
         星期一       上午：    会话 / 听力
11日
         xīngqī'èr   Shàngwǔ  yuèdú  huìhuà
         星期二       上午：    阅读 / 会话
12日
         xīngqīsān   Shàngwǔ  tīnglì  xiězuò
         星期三       上午：    听力 / 写作
                     Xiàwǔ    kǒuyǔ  kǎoshì
                     下午：    口语 考试 (PM2:00-3:30)
13日
         xīngqīsì    Shàngwǔ  huìhuà  tīnglì
         星期四       上午：    会话 / 听力
14日
         xīngqīwǔ    Shàngwǔ  huìhuà  yuèdú
         星期五       上午：    会话 / 阅读
                     Xiàwǔ    tīnglì  kǎoshì
                     下午：    听力 考试 (PM3:40-5:10)
15日
         xīngqīliù   Shàngwǔ  Hé  Xiǎo Wáng qù  kǎlā OK tīng
         星期六       上午：    和  小   王   去  卡拉OK厅。
                     Xiàwǔ    Qù  chāoshì mǎi dōngxi
                     下午：    去  超市   买  东西。
16日
         xīngqīrì    Shàngwǔ  Dǎsǎo fángjiān
         星期日       上午：    打扫  房间。
                     Xiàwǔ    Qù  tǐyùguǎn  dǎ  wǎngqiú
                     下午：    去  体育馆    打  网球。(PM3:00-5:00)
```

* 阅读　yuèdú　名　講読
* 写作　xiězuò　名　作文

　　Shāntián xīngqīyī shàngwǔ yǒu shénme kè?
① 山田　星期一　上午　有　什么　课？
　　Kǒuyǔ kǎoshì zài shénme shíhòu?
② 口语　考试　在　什么　时候？

Shāntián xīngqītiān gàn shénme?
③ 山田　星期天　干　什么？

Shāntián dǎsuan shénme shíhòu mǎi dōngxi?
④ 山田　打算　什么　时候　买　东西？

Shāntián dǎsuan hé sheí yìqǐ qù chàng kǎlāOK?
⑤ 山田　打算　和　谁一起去　唱　卡拉OK？

3. 根据自己的情况回答问题 ◆ 自分の状況をふまえ、質問に答えなさい。

Nǐmen měi ge xīngqī dōu yǒu kǎoshì ma?
① 你们　每个　星期　都　有　考试　吗？

Nǐ Hànyǔ shuō de liúlì ma?
② 你汉语　说　得流利吗？

Nǐ jīngcháng qù túshūguǎn ma?
③ 你　经常　去　图书馆　吗？

Nǐ xǐhuan tīnglì kè háishi xǐhuan huìhuà kè?
④ 你喜欢　听力课　还是　喜欢　会话课？

Nǐ chàng gē chàng de zěnmeyàng?
⑤ 你　唱　歌　唱　得　怎么样？

朗读诗歌 ◆ 次の漢詩を朗読しなさい

Shān xíng
山　行
Dù Mù
杜　牧

Yuǎn shàng hán shān shí jìng xiá
远　上　寒　山　石　径　斜

Bái yún shēng chù yǒu rén jiā
白　云　生　处　有　人　家

Tíng chē zuò ài fēng lín wǎn
停　车　坐　爱　枫　林　晚

Shuāng yè hóng yú èr yuè huā
霜 叶 红 于 二 月 花

山 行
月遠く寒山に上れば　石径　斜めなり
白雲　生ずる処　人家有り
車を停(とど)めて　坐(ため)に愛す
楓林の晩(くれ)
霜葉は二月の花よりも紅なり

<杜牧>

＊在古典诗词中，"斜"有时读作"xiá"。

第十八课　我听不清楚
Dì shíbā kè　Wǒ tīng bu qīngchu
≈≈友人に電話をかける≈≈

会话 ◆会話

电话里 的 对话
Diànhuà lǐ de duìhuà

◆ 電話での会話

Lǐ Huá: Wèi, nǐ hǎo.
Shāntián: Shì LǐHuá ya. Yǒu shìr ma?
Lǐ Huá: Wèi, Shēngyīn tài xiǎo, wǒ tīng bu qīngchu. Nín shēngyīn dà diǎnr hǎo ma?
Shāntián: Lǐ Huá, shì wǒ ya. Tīng de jiàn ma?
Lǐ Huá: À, Shāntián nǐ hǎo, xiànzài tīng de qīngchu le. Wǒ zài shūdiàn kàndào yì běn hǎo shū, búdàn nèiróng fēngfù, érqiě hěn yǒu yìsi. Shūmíng jiào《Hànzì wénhuà》.
Shāntián: Zhè běn shū wǒ yǐjīng mǎi le, dànshì hěn duō dìfang wǒ hái kàn bu dǒng.
Lǐ Huá: Méi guānxi, wǒ kěyǐ jiāo nǐ.
Shāntián: Xièxie. Búguò kuàiyào kǎoshì le, kǎowán yǐhòu xíng ma?
Lǐ Huá: Xíng a. Nà kǎowán yǐhòu wǒ jiāo nǐ ba.

李华:喂,你好。
山田:是李华呀。有事儿吗?
李华:喂,声音太小,我听不清楚。您声音大点儿好吗?
山田:(大声)李华,是我呀。听得见吗?
李华:啊,山田你好,现在听得清楚了。我在书店看到一本好书,不但内容丰富,而且很有意思。书名叫《汉字文化》。

山田：这本书我已经买了，但是很多地方我还看不懂。
李华：没关系，我可以教你。
山田：谢谢。不过快要考试了，考完以后行吗？
李华：行啊。那考完以后我教你吧。

生词和短语　◆新出単語と短文表現

1. 喂　　　　wèi　　　　　　感　　もしもし
2. 事（儿）　shì(r)　　　　　名　　用事
3. 声音　　　shēngyīn　　　 名　　声
4. 清楚　　　qīngchu　　　　形　　はっきりしている
5. 书店　　　shūdiàn　　　　名　　本屋
6. 到　　　　dào　　　　　　動　　動詞の後につけ、動作の結果や目的が達成されたことをあらわす
7. 不但…而且…
　　　　　　búdàn...érqiě...　　　　～ばかりではなく、さらに～だ
8. 内容　　　nèiróng　　　　名　　内容
9. 丰富　　　fēngfù　　　　 形　　豊富だ
10. 书名　　 shūmíng　　　　名　　書名
11. 汉字　　 Hànzì　　　　　名　　漢字
12. 文化　　 wénhuà　　　　 名　　文化
13. 但是　　 dànshì　　　　 接　　しかし、けれども
14. 懂　　　 dǒng　　　　　 動　　分かる、理解する
15. 没关系　 méi guānxi　　　 　　かまわない、大丈夫だ
16. 不过　　 búguò　　　　　副　　ただ、しかし
17. 快要　　 kuàiyào　　　　副　　もうすぐ、まもなく
18. 完　　　 wán　　　　　　動　　動詞の後につけて、動作が完了したことをあらわす。～し終える
19. 以后　　 yǐhòu　　　　　名　　以後、～の後

第十八课　我听不清楚

生词练习　◆単語練習

1. 听音标序号　◆　発音を聞いて下の日本語に番号をつけなさい。

①

はっきりしている	もしもし	内容	文化	分かる

②

用事	豊富だ	漢字	書名	かまいません

③

声	もうすぐ	しかし	以後	本屋

2. 听音标序号　◆　発音を聞いて下の絵に番号をつけなさい。

3. 听音标序号　◆　発音を聞いて下の漢字に番号をつけなさい。

①

声音	书名	汉字	不过	不但

②

以后	但是	书店	快要	丰富

③

清楚	内容	文化	事儿	没关系

4. 注音朗读　◆　下の単語にピンインをつけて発音しなさい。

①

事儿	清楚	书名	书店	不过

②

内容	汉字	丰富	声音	文化

③

快要	以后	但是	没关系	而且

会话练习　◆会话練習

1. 跟读写汉字　◆　CDを聞いて発音した上で、漢字を書き入れなさい。

① Nín shēngyīn dà diǎnr hǎo ma?

② Wǒ tīng bu qīngchu.

③ Dànshì wǒ kàn bu dǒng.

④ Kǎowán yǐhòu wǒ jiāo nǐ ba.

第十八课　我听不清楚

2. 边听边连线 ◆ CDを聞いて内容が合うものを線でつなぎなさい。

(1) Yǒu shìr ma?　　　　　　A　聞こえますか。

(2) Zhè běn shū wǒ yǐjīng mǎi le.　　B　なにかご用ですか。

(3) Búguò kuàiyào kǎoshì le.　　C　その本はもう買いました。

(4) Wǒ zài shūdiàn kàndào
　　yì běn hǎo shū.　　　　　D　試験が終わってから
　　　　　　　　　　　　　　　でいいですか。

(5) Kǎowán yǐhòu xíng ma?　　E　本屋でよい本を見つけました。

(6) Búdàn nèiróng fēngfù,　　F　でも間もなく試験です。
　　érqiě hěn yǒu yìsi.　　　G　内容が多彩であるだけでは

(7) Nǐ tīng de jiàn ma?　　　　　なく、すごく面白いです。

3. 标调或注音 ◆ 声調符号やピンインをつけなさい。

① 听音标声调　◆発音を聞いて声調符号をつけなさい。

(1)	(2)	(3)
Xianzai ting de qingchu le.	Wo keyi jiao ni.	Kaowan yihou xing ma?

② 听音标拼音　◆発音を聞いてピンインをつけなさい。

(1)	(2)	(3)
考完以后我教你。	很多地方我还看不懂。	声音太小，我听不清楚。

4. 看图说话 ◆ 絵を見ながら、下線部に言葉を入れて文を完成させなさい。

① A
Shēngyīn tài xiǎo, wǒ tīng bu qīngchu, nín shēngyīn dà diǎnr hǎo ma?

Xiànzài tīng de qīngchu le.

B
Xiànzài tīng de jiàn ma?

② A
_____ tài xiǎo, wǒ kàn bu qīngchu, nín _____ dà diǎnr hǎo ma?

Xiànzài _____ de qīngchu le.

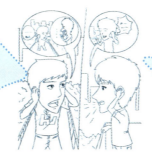

B
Xiànzài _____ de qīngchu ma?

③ A
Kuàiyào kǎoshì le, kǎowán yǐhòu xíng ma?

B
Xíng a. Nà kǎowán yǐhòu wǒ jiāo nǐ ba.

④

A: Kuàiyào____ le, ____ yǐhòu xíng ma?

B: Xíng a. Nà_____ yǐhòu nǐ gěi wǒ _____ ba.

本课学过的基本句型　◆この課で学んだ基本文型

1. 您声音大点儿好吗？　　Nín shēngyīn dà diǎnr hǎo ma?
2. 你听得见吗？　　　　　Nǐ tīng de jiàn ma?
   ——现在听得清楚了。　——Xiànzài tīng de qīngchu le.
3. 不但内容丰富，　　　　Búdàn nèiróng fēngfù,
   而且很有意思。　　　　érqiě hěn yǒu yìsi.
4. 我看不懂。　　　　　　Wǒ kàn bu dǒng.
5. 快要考试了。　　　　　Kuàiyào kǎoshì le.
6. 我可以教你。　　　　　Wǒ kěyǐ jiāo nǐ.

扩展练习　◆ステップアップ

短文　◆　短文

　　李华经常去书店，今天她在书店里看到一本叫《汉字文化》的新书。她觉得这本书不但写得有意思，而且内容也很精彩。她想山田对中国文化很感兴趣，一定会喜欢这本书的。她就给山田打电话。开始总是打不通，后来终于打通了，原来山田一直在给他妈妈打电话呢。

　　Lǐ Huá jīngcháng qù shūdiàn, jīntiān tā zài shūdiàn li kàndào yìběn jiào《Hànzì wénhuà》de xīn shū. Tā juéde zhèběn shū búdàn xiě de yǒu yìsi, érqiě nèiróng yě hěn jīngcǎi. Tā xiǎng Shāntián duì Zhōngguó wénhuà hěn gǎn xìngqu, yídìng huì xǐhuan zhè běn shū de. Tā jiù gěi Shāntián dǎ diànhuà.Kāishǐ zǒngshì dǎ bu tōng, hòulái zhōngyú dǎtōng le, yuánlái Shāntián yìzhí zài gěi tā māma dǎ diànhuà ne.

生词 ◆ 新出単語

1. 精彩	jīngcǎi	形	みごとである、すばらしい
2. 一定	yídìng	副	きっと、必ず
3. 开始	kāishǐ	名	最初は
4. 总是	zǒngshì	副	いつも、いつまでも
5. 终于	zhōngyú	副	ついに、とうとう
6. 通	tōng	動	通じる
7. 原来	yuánlái	副	なんと、なんだ
8. 一直	yìzhí	副	動作・状態が持続するとることを表す。ずっと

1. 替换练习 ◆ 例文にならって、下線部の言葉を置き換えて練習しなさい。

(例)听得清楚	(1)看得清楚	(2)看得完	(3)听得懂	(4)听得清楚
声音	字	内容	内容	声音
小	小	多	难	远

(例) Nǐ tīng de qīngchǔ ma?

A：你 <u>听得清楚</u> 吗？

Shēngyīn tài xiǎo, wǒ tīng bu qīngchǔ.

B：<u>声音</u> 太 <u>小</u>，我 <u>听不清楚</u>。

②

(例)这本书	(1)我们学校	(2)这个水果	(3)这条裙子	(4)新干线
内容丰富	有名	新鲜	漂亮	很快
有意思	大	好吃	便宜	方便

第十八课　我听不清楚

（例）　　　Zhè běn shū zěnmeyàng?

A：这本　书　怎么样？

Zhè běn shū búdàn nèiróng fēngfù, érqiě hěn yǒu yìsi.

B：这本　书　不但　内容　丰富，而且　很　有意思。

③

(例)你们	(1) 山田	(2) 这本书	(3) 妈妈	(4) 姐姐
考试	回国	看完	回家	结婚

（例）　　　Nǐmen shénme shíhòu kǎoshì?

A：你们　什么　时候　考试？

Wǒmen kuàiyào kǎoshì le.

B：我们　快要　考试　了。

④

(例)打通	(1) 看懂	(2) 找到	(3) 买到	(4) 看完
打不通	看不懂	找不到	买不到	看不完

（例）　　　Nǐ dǎtōng le ma?

A：你 打通　了吗？

Kāishǐ zǒngshì dǎ bu tōng, hòulái zhōngyú dǎtōng le.

B：开始　总是　打不通，后来　终于　打通　了。

2. 看图片回答问题。　◆ 表紙の絵を見て質問に答えなさい。

　　　　　Zhè shì　yì běn shénme shū?
① 这　是　一本　什么　书?
　　　　　Zhě běn shū shì shéi xiě de?
② 这　本　书　是　谁　写　的?
　　　　　Zhè běn shū yǒu shénme nèiróng?
③ 这　本　书　有　什么　内容?
　　　　　Zhè běn shū shì　nǎ ge chūbǎnshè chūbǎn de?
④ 这　本　书　是　哪个　出版社　出版　的?
　　　　　Zhè běn shū duōshǎo qián?
⑤ 这　本　书　多少　钱?

3. 根据自己的情况回答问题 ◆ 自分の状況をふまえ、質問に答えなさい。

　　　　　Nǐ jīngcháng dǎ diànhuà ma?
① 你　经常　打　电话　吗?
　　　　　Nǐ jīngcháng gěi shéi dǎ diànhuà?
② 你　经常　给　谁　打　电话?
　　　　　Nǐ de diànhuà hàomǎ shì duōshǎo?
③ 你的　电话　号码　是　多少?
　　　　　Zài Rìběn dǎ diànhuà guì bu guì?
④ 在　日本　打　电话　贵不贵?
　　　　　Nǐ de shǒujī néng kàn diànshì ma?
⑤ 你的　手机　能　看　电视　吗?

第十八课　我听不清楚

朗读诗歌 ◆ 次の漢詩を朗読しなさい

Wèichéng qǔ
渭　城　曲
Wáng Wéi
王　　维
Wèichéng zhāo yǔ yì qīng chén
渭　城　朝雨浥轻　尘
Kè shè qīng qīng liǔ sè xīn
客舍青　青　柳色新
Quàn jūn gèng jìn yì bēi jiǔ
劝　君更尽一杯酒
Xī chū Yáng guān wú gù rén
西出阳关无故人

渭城曲
渭城の朝雨　軽塵を　潤す
客舎　青青　柳色　新たなり
君に勧(すす)む　更に尽くせ　一杯の酒
西のかた陽関を出ずれば故人無からん

〈王維〉

第十六課～第十八課・文法のまとめ

＜第十六課＞

1. 結果補語
　　「結果補語」は動詞の直後に置かれ、動作・行為が行われた結果をあらわす。意味の重点は補語の部分にある。否定する場合は「没有」を動詞の前に置く。
山田,日本芥末买到了吗？——没买到。
（山田君、わさびは（買って）手に入りましたか。——手に入れていません。）
我在西单看见了。　　　　　（私は西単で見かけました。）
吃完饭以后购物。　　　　　（食事を終えてから、買い物をします。）

2. 主述述語文
　　中国語には、日本語の「像は鼻が長い」という構文と同じ構造をとる表現がしばしばあらわれ、主述述語文とよばれる。
　主題（topic）＋叙述（主語＋述語）
北京冬天很冷。　　　　　　（北京は冬が寒いです。）
我头疼。　　　　　　　　　（私は頭が痛くなりました。）
我钱不够了。　　　　　　　（私はお金が足りなくなりました。）

3.「～什么的」
　　いくつかの物を羅列するときに使われる。「～、～、～など」
四川的蜜橘、榨菜什么的买了不少。
（四川のミカン、ザーサイなどたくさん買いました。）
桌子上有笔记本、手机、录音机什么的。
（机の上にはノート、携帯電話、レコーダーなどがあります。）

第十六課～第十八課・文法のまとめ

＜第十七課＞

1. **様態補語・程度補語**
   ① 様態補語
   　動詞の後に助詞の「得」をつけ、その直後に補語を置き、動作・行為の「様子」や「状態」をあらわす。この補語文型の否定は、補語の部分で否定する。
   我昨天睡得太晩了。　　　（昨日私は、寝るのが大変遅かったです。）
   他跑得不快。　　　　　　（かれは走るのが速くありません。）

   動詞が目的語をもつときは、次のような語順をとる。
   動詞＋目的語＋動詞＋得＋様態補語
   我说汉语说得还不流利。
   （私は中国語を話すのが、まだ流暢ではありません。）

   同じ内容を次のような文章であらわすこともできる。
   你的汉语说得很好。　　　（あなたの中国語は、話すのが上手です。）
   你汉语说得很好。　　　　（あなたは、中国語は話すのが上手です。）

   ② 程度補語
   　この文型で動詞が形容詞に変わると、その形容詞があらわす状態の程度を述べることがでる。これを程度補語と言う。
   岚山的樱花漂亮得很。　　（嵐山の桜は、すごくきれいです。）
   这几天冷得要命。　　　　（ここ数日はすごく寒いです。）

2. **アスペクト助詞「着」**
   　アスペクト助詞「着」は、動詞の後につき、動作が継続している、行為の結果が持続していることをあらわす。
   你怎么拿着这么多书啊？
   （どうしてこんなにたくさんの本を持っているの。）
   图书馆开着。　　　　　　（図書館はオープンしています。）

一つの主語のもとに動詞が連続する構文（＜第七課＞「連動文」参照）で、前の動詞に「着」を用いて、後の動作・行為がどのような状態で行われるのかをあらわす。
　　录音机开着就睡着了。
　　（レコーダーをつけたまま、眠ってしまいました。）
　　他走着去。　　（かれは歩いて行きました。）

3. 複文
　　複文とは、意味のつながりを持った二つ以上の単文から成り立った文章をいう。前後の単文の関係を関連詞（接続詞・介詞など）で示すことができる。
　①「因为…所以…」
　　（〜なので〜だ、一方が省略されることがある）
　　因为明天有口语考试，我昨天睡得太晚了。
　　（明日会話のテストがあるので、昨日寝るのが大変遅かったです。）

　②「为了…」　（〜のために）
　　为了考得好一点儿，我打算好好儿复习一下。
　　（テストで少しいい点数を取るため、しっかり復習するつもりです。）

＜第十八課＞

1. 可能補語
　　可能補語は、次のような語順をとって可能・不可能をあらわす。
　　動詞＋得・不＋「結果補語・方向補語」など
　　目的語は補語の後ろにおくことができるが、主題として動詞の前に置くことが多い。また可能補語は否定形がよく使われるが、肯定形は疑問文とその応答など使用範囲は限られている。
　　我听不清楚。　　　　　（はっきり聞こえません。）
　　很多地方我还看不懂。
　　（あちこちが、読んでまだ理解できないのです。）

你听得见吗？——现在听得清楚了。
（聞こえますか。——今はっきりと聞こえるようになりました。）

2. 近接未来

「もうすぐ〜する」、「まもなく〜する」という意味は、「要〜了」という形であらわす。「要」の前に「快・就」が置かれることもある。

快要考试了。　　　　　（もうすぐテストです。）
就要到他的生日了。　　（まもなくかれの誕生日です。）

3.「不但・不仅…而且…」の構文

「単に〜だけでなく、さらに〜だ」という意味になる。

不但内容丰富,而且很有意思。
（内容が多彩であるというだけでなく、すごく面白いです。）

★★アスペクト表現のまとめ★★

ある動作や行爲が発展変化する中で、どの段階たあるかを示すものをアスペクト(相)という。これまで学んできたろスペリト表現をまとめておく。

進行相(〜しているところ)	我正在准备ＨＳＫ考试。<十四課>
持続相(〜てある、〜ている)	图书馆开着。<十七課>
完了相(〜した)	我买了一个手机。<九課>
経験相(〜したことがある)	我以前看过一次相扑。<十五課>
開始相(〜しはじめる)	车多起来了。<十三課>
将然相(まもなく〜する)	快要考试了。<十八課>

Dì shíjiǔ kè Bǎ mén guānshang ba
第十九课 把 门 关上 吧
≈友人宅を訪問する≈

会话 ◆会话

Zài péngyou jiā de huìhuà
在 朋友 家 的 会话
◆ 友人宅での会話

Māma: Shāntián, huānyíng nǐ lái wǒ jiā wánr.
Shāntián: Āyí nín hǎo. Zhè shì wǒ cóng Rìběn dàilái de diǎnxin, xīwàng nǐmen xǐhuan.
Māma: Nǐ zhēn kèqi. Qǐng zuò ba. Lǐ Huá, nǐ péizhe, wǒ qù bǎ shuǐguǒ nálai.
Lǐ Huá: Shāntián, nǐ shì hē chá háishi hē kāfēi?
Shāntián: Wǒ hē chá. Nǐ jiā zhēn piàoliang.
Māma: Xièxie. Lái, xiān chīdiǎnr shuǐguǒ ba. Nǐmen mànmānr liáo, wǒ qù chúfáng zuò cài. Shāntián, nǐ néng chī là de ma?
Lǐ Huá: Shāntián xǐhuan chī là de. Duìle, mā, chōuyóuyānjī huài le, chǎo cài de shíhou nín bǎ chúfáng mén guānshang.
Māma: Zhīdao le. Nǐ bǎ kètīng de chuāngzi yě dǎkāi ba.

妈妈：山田，欢迎你来我家玩儿。
山田：阿姨您好。这是我从日本带来的点心，希望你们喜欢。
妈妈：你真客气。请坐吧。李华，你陪着，我去把水果拿来。
李华：山田，你是喝茶还是喝咖啡？
山田：我喝茶。你家真漂亮。

第十九课　把门关上吧

妈妈：谢谢。来，先吃点儿水果吧。你们慢慢儿聊，我去厨房做菜。山田，你能吃辣的吗？
李华：山田喜欢吃辣的。对了，妈，抽油烟机坏了，炒菜的时候您把厨房门关上。
妈妈：知道了。你把客厅的窗子也打开吧。

生词和短语　◆新出単語と短文表現

1. 玩	wán	動	遊ぶ
2. 阿姨	āyí	名	おばさん、(自分の母と同じ年輩の女性に対して敬意や親しみを込めて用いる)
3. 点心	diǎnxin	名	お菓子
4. 希望	xīwàng	動	希望する、望む
5. 客气	kèqi	形	遠慮深い(くする)
6. 坐	zuò	動	座る、腰掛ける
7. 陪	péi	動	付き添う、お供をする
8. 把	bǎ	介	〜を
9. 还是	háishì	接	それとも〜か
10. 慢慢儿	mànmānr	形	ゆっくりと
11. 聊	liáo	動	くつろいで話す、雑談する
12. 厨房	chúfáng	名	キッチン、台所
13. 抽油烟机	chōuyóuyānjī	名	(台所の)換気扇
14. 坏	huài	動	壊れる
15. 炒	chǎo	動	炒める、煎る
16. 关上	guānshang	動	(ぴったり)閉じる、閉める
17. 知道	zhīdao	動	分かる
18. 客厅	kètīng	名	客間、応接間
19. 窗子	chuāngzi	名	窓
20. 打开	dǎkai	動	開ける、開く

生词练习　◆単語練習

1. 听音标序号　◆　発音を聞いて下の日本語に番号をつけなさい。

①

お菓子	おばさん	台所	客間	窓

②

遊ぶ	座る	付き添う	分かる	雑談する

③

ゆっくり	辛い	壊れる	閉める	開ける

2. 听音标序号　◆　発音を聞いて下の絵に番号をつけなさい。

3. 听音标序号　◆　発音を聞いて下の漢字に番号をつけなさい。

①

希望	客气	欢迎	阿姨	关门

第十九课　把门关上吧

②

坏	坐	陪	聊	炒

③

还是	关上	窗子	知道	打开

4. 注音朗读 ◆ 下の単語にピンインをつけて発音しなさ。

①

点心	慢慢儿	希望	客气	窗子

②

打开	关上	客厅	厨房	知道

③

坐	陪	聊	坏	炒

会话练习　◆会話練習

1. 跟读写汉字 ◆ CDを聞いて発音した上で、漢字を書き入れなさい。

① Huānyíng nǐ lái wǒ jiā wánr.

② Nǐ jiā zhēn piàoliang.

③ Shāntián néng chī là de ma?

④ Nín bǎ chúfáng mén guānshang.

2. 边听边连线 ◆ CDを聞いて内容が合うものを線でつなぎなさい。

(1) Zhè shì wǒ cóng Rìběn dàilái de diǎnxin.　　A　山田君は辛いのが好きです。

(2) Nǐ bǎ kètīng de chuāngzi dǎkāi ba.　　B　お茶を飲みますかそれともコーヒーを飲みますか。

(3) Xiān chī diǎnr shuǐguǒ ba.　　C　これは日本から持ってきたお菓子です。

(4) Nǐ shì hē chá háishì hē kāfēi?　　D　果物を取りに行きます。

(5) Chōuyóuyānjī huài le, nín bǎ chúfáng ménr guānshang.　　E　先に果物を少し食べてください。

(6) Wǒ qù bǎ shuǐguǒ nálai.　　F　換気扇が壊れたので、台所のドアを閉めてください。

(7) Shāntián xǐhuan chī là de.　　G　客間の窓を開けてください。

3. 标调或注音 ◆ 声調符号やピンインをつけなさい。

① 听音标声调 ◆ 発音を聞いて声調符号をつけなさい。

(1)	(2)	(3)
Zhe shi cong Riben dailai de dianxin.	Wo qu chufang zuo cai.	Ni zhen keqi, qing zuo ba.

② 听音标拼音 ◆ 発音を聞いてピンインをつけなさい。

(1)	(2)	(3)
先吃点儿水果吧。	你是喝茶还是喝咖啡?	山田喜欢吃辣的。

第十九课　把门关上吧

4. 看图说话 ◆ 絵を見ながら、下線部に言葉を入れて文を完成しなさい。

① A: Zhè shì wǒ cóng Rìběn dàilái de diǎnxin, xīwàng nǐmen xǐhuan.
B: Nǐ zhēn kèqi.

② A: Zhè shì wǒ cóng _____ dàilái de _____, xīwàng nǐmen xǐhuan.
B: Nǐ zhēn kèqi.

③ A: Nǐ shì hē chá háishi hē kāfēi?
B: Wǒ hē chá.

④ A: Nǐ shì _____ háishì _____?
B: Wǒ huí Rìběn.

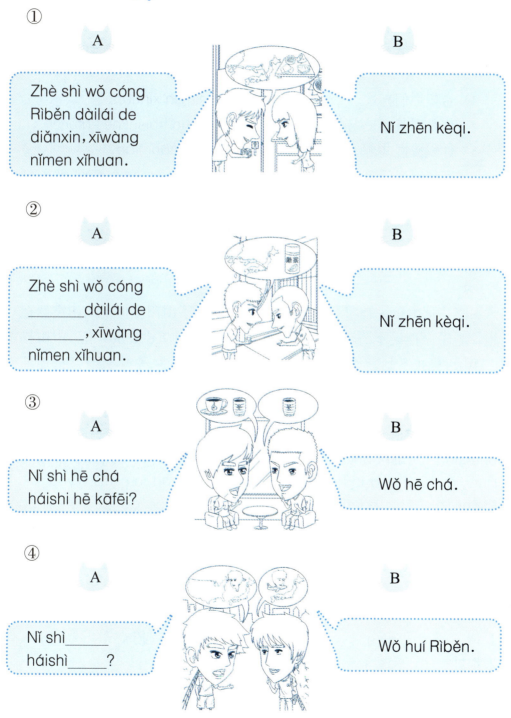

本课学过的基本句型 ◆この課で学んだ基本文型

1. 欢迎你来我家玩儿。　　Huānyíng nǐ lái wǒ jiā wánr.
2. 这是我从日本带来的点心。　Zhè shì wǒ cóng Rìběn dàilái de diǎnxin.
3. 希望你们喜欢。　　Xīwàng nǐmen xǐhuan.
4. 你是喝茶还是喝咖啡？　Nǐ shì hē chá háishi hē kāfēi?
5. 你们慢慢儿聊。　　Nǐmen mànmānr liáo.
6. 您把厨房门关上。　　Nín bǎ chúfáng mén guānshang.

扩展练习 ◆ステップアップ

短文 ◆ 短文

　　李华请山田去她家玩儿，李华把地址告诉了山田。但是山田突然把地址忘了。他记不清李华家是1号楼708室还是7号楼801室。山田找了半天，也找不到李华的家。他只好给李华打电话，李华笑着又把地址说了一遍。原来，李华家是8号楼107室。

　　Lǐ Huá qǐng Shāntián qù tā jiā wánr, Lǐ Huá bǎ dìzhǐ gàosule Shāntián. Dànshì Shāntián tūrán bǎ dìzhǐ wàng le. Tā jì bu qīng Lǐ Huá jiā shì yī hào lóu qīlíngbā shì háishì qī hào lóu bālíngyāo shì. Shāntián zhǎole bàntiān, yě zhǎo bu dào Lǐ Huá de jiā. Tā zhǐhǎo gěi Lǐ Huá dǎ diànhuà, Lǐ Huá xiàozhe yòu bǎ dìzhǐ shuōle yí biàn. Yuánlái, Lǐ Huá jiā shì bā hào lóu yāolíngqī shì.

生词和短语 ◆ 新出単語と短文表現

1. 请	qǐng	動	お願いする、招く
2. 地址	dìzhǐ	名	住所
3. 告诉	gàosu	動	教える、知らせる
4. 突然	tūrán	副	突然、急に

第十九课　把门关上吧

5. 记不清	jì bu qīng		はっきり記憶していない
6. 号	hào	量	（日付や室番号をあらわす）〜日、〜号
7. 楼	lóu	名	建物、ビル
8. 半天	bàntiān	数量	長い時間
9. 找不到	zhǎo bu dào		探しあたらない
10. 只好	zhǐhǎo	副	するほかない、〜さぜるを得ない
11. 笑	xiào	動	笑う
12. 又	yòu	副	又、もう一度

1. 替换练习 ◆ 例文にならって、下線部の言葉を置き替えて練習しなさい。

①

(例)欢迎	(1) 请	(2) 派	(3) 有	(4) 欢迎
你	他	你	一个朋友	你们
来我家玩儿	吃饭	去中国出差	学法语	来我们大学

＊派　pài　動　派遣する

（例）
　　　Wǒmen huānyíng nǐ lái wǒ jiā wánr.
A：我们　欢迎　你来我家玩儿。
　　　Nà tài hǎo le.
B：那太好了。

②

(例)喝茶	(1) 写信	(2) 吃日本菜	(3) 回老家	(4) 坐汽车去
喝咖啡	打电话	吃韩国菜	去京都	骑自行车去

（例）

　　　　Nǐ shì hē chá háishi hē kāfēi?
　　A：你 是 喝茶 还是 喝咖啡？
　　　　Wǒ hē chá.
　　B：我 喝 茶。

③

(例)厨房门	(1) 书	(2) 这本书	(3) 法语	(4) 手机
关上	打开	给山田	翻译一下	送给他

（例）

　　　　Nín bǎ chúfáng mén guānshàng.
　　A：您 把 厨房 门 关 上。
　　　　hǎode.
　　B：好的。

④

(例)水果	(1) 抽油烟机	(2) 窗子	(3) 啤酒	(4) 电脑
拿来	关上	打开	拿来	关上

（例）

　　　　Wǒ qù bǎ shuǐguǒ nálai.
　　A：我 去 把 水果 拿来。
　　　　Hǎo de.
　　B：好 的。

第十九课　把门关上吧

2. 看图片回答问题 ◆ 名刺と間取りを見ながら、質問に答えなさい。

首都文化大学
　　　国际文化交流专业　研究生
　　　　　LI HUA
　　　　李 华　(博士)
北京市朝阳区幸福路158号花园小区8号107室
(电话) 010-3688-1628　(手机) 138-1796-5628
(E-mail) Huali2010@hotmail.com

Lǐ Huá jiā zài shénme lù? Shénme xiǎoqū?
① 李华 家在 什么 路? 什么 小区?

Lǐ Huá jiā zài jǐ hào lóu?
② 李华 家在 几号 楼?

Lǐ Huá jiā de kètīng shì zài nánbian háishi zài běibian?
③ 李华 家的 客厅 是在 南边 还是 在 北边?

Lǐ Huá jiā de kètīng dà bu dà?
④ 李华 家的 客厅 大不大?

Lǐ Huá jiā de chúfáng zài nǎ bian?
⑤ 李华 家的 厨房 在 哪边?

3. 根据自己的情况回答问题 ◆ 自分の状況をふまえ、質問に答えなさい。

Nǐ jīngcháng qù péngyou jiā wánr ma?
① 你 经常 去 朋友 家玩儿 吗?

Nǐ qù péngyou jiā de shíhou dài lǐwù ma?
② 你去 朋友 家的 时候 带礼物 吗?

Nǐ péngyou jiā de dìzhǐ shì shénme?
③ 你 朋友 家的 地址是 什么?

Nǐ jiā de kètīng hěn dà ma?
④ 你家的 客厅 很 大 吗?

Nǐ jiā zài jǐ lóu?
⑤ 你家在 几楼?

83

朗读诗歌　◆次の漢詩を朗読しなさい。

Zǎo fā Báidìchéng
早 发 白帝城

Lǐ　Bái
李 白

Zhāo cí Báidì cǎi yún jiān
朝　辞 白帝 彩 云　间

Qiān lǐ Jiānglíng yí　rì huán
千　里 江陵 一　日 还

Liǎng àn yuán shēng tí bú zhù
两　岸 猿　声　啼 不 住

Qīng zhōu yǐ guò wàn chóng shān
轻　舟 已 过 万　重　山

早（つと）に白帝城を発す
朝（あした）に辞す　白帝　彩雲の間
千里の江陵　一日にして還る
両岸の猿声　啼いて住（や）まざるに
軽舟　已に過ぐ　万重の山

<李白>

Dì èrshí kè Jīntiān bǐ zuótiān hǎoduō le
第二十课 今天 比 昨天 好多 了
~~身体の不調を訴える~~

会话 ◆会話

Zài yīyuàn de huìhuà
在 医院 的 会话
◆ 病院での会話

Lǐ Huá: Shāntián, nǐ zěnme yě lái yīyuàn le?

Shāntián: Wǒ gǎnmào le, tóu téng, érqiě yǒudiǎnr késou.

Lǐ Huá: Bú yàojǐn ba?

Shāntián: Jīntiān bǐ zuótiān hǎo duō le. Zuótiān wǎnshang fā shāo le, sānshibā dù, lián wǎnfàn dōu méi chī.

Lǐ Huá: Shì ma? Yǐjīng ràng dàifu kàn le ma?

Shāntián: Gāngcái yǐjīng kàn le. Yīshēng ràng wǒ ànshí chī yào, duō hē shuǐ, duō xiūxi. Éi, nǐ yě bù shūfu ma?

Lǐ Huá: Bú shì. Wǒ tóngwū bìng le, tā ràng wǒ péi tā lái yīyuàn kànkan.

Shāntián: Shì ma? Nǐ zìjǐ yě yào xiǎoxīn a. Jīnnián de gǎnmào yuè lái yuè lìhai le.

Lǐ Huá: Xièxie. Duìle, míngtiān de kè nǐ qǐng jià le ma?

Shāntián: Wǒ yǐjīng qǐng Xiǎo Wáng gàosu lǎoshī le.

Lǐ Huá: Zhè jǐ tiān nǐ yào hǎohāor xiūxi, bú yào áo yè le.

Shāntián: Fàng xīn ba.

李华：山田，你怎么也来医院了？
山田：我感冒了，头疼，而且有点儿咳嗽。
李华：不要紧吧？
山田：今天比昨天好多了。昨天晚上发烧了，38度，连晚饭都没吃。

李华：是吗？已经让大夫看了吗？
山田：刚才已经看了。医生让我按时吃药，多喝水，多休息。欸，你也不舒服吗？
李华：不是。我同屋病了，她让我陪她来医院看看。
山田：是吗？你自己也要小心啊。今年的感冒越来越厉害了。
李华：谢谢。对了，明天的课你请假了吗？
山田：我已经请小王告诉老师了。
李华：这几天你要好好儿休息，不要熬夜了。
山田：放心吧。

生词和短语　◆新出単語と短文表現◆

1.	感冒	gǎnmào	名・動	風邪（を引く）
2.	头	tóu	名	頭
3.	疼	téng	形	痛い
4.	而且	érqiě	連接	しかも、その上
5.	咳嗽	késou	動	咳をする
6.	不要紧	búyàojǐn	形	大丈夫だ、かまわない
7.	发烧	fā shāo	動	熱が出る
8.	大夫	dàifu	名	医者
9.	刚才	gāngcái	名	たった今
10.	让	ràng	介・動	〜に（〜させる、〜される）
11.	药	yào	名	薬
12.	按时	ànshí	副	時間通りに
13.	同屋	tóngwū	名	ルームメイト
14.	要	yào	助動	〜しなければならない、〜する必要がある
15.	小心	xiǎoxīn	動	注意する、気をつける
16.	越来越…	yuè lái yuè ...		ますます〜だ
17.	厉害	lìhai	形	たまらない、ひどい
18.	请假	qǐng jià	動	休暇・休みをとる

19. 这几天	zhè jǐ tiān		ここ数日
20. 不要	búyào	副	～してはいけない、～するな
21. 熬夜	áo yè	動	夜更かしする、徹夜する
22. 放心	fàng xīn	動	安心する

生词练习 ◆単語練習

1. 听音标序号 ◆ 発音を聞いて下の日本語に番号をつけなさい。

①

風邪	熱が出る	咳をする	医者	ひどい

②

休暇をとる	たった今	徹夜する	気をつける	安心する

③

ルームメイト	ここ数日	大丈夫だ	時間通りに	しかも

2. 听音标序号 ◆ 発音を聞いて下の絵に番号をつけなさい。

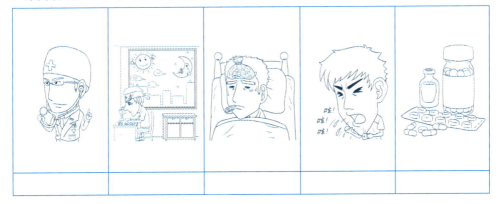

3. 听音标序号 ◆ 発音を聞いて下の漢字に番号をつけなさい。

①

请假	同屋	厉害	看见	按时

②

咳嗽	头疼	发烧	感冒	大夫

③

刚才	小心	熬夜	放心	不要紧

4. 注音朗读 ◆ 下の単語にピンインをつけて発音しなさい。

①

这几天	厉害	而且	熬夜	不要

②

头痛	咳嗽	发烧	请假	感冒

③

刚才	同屋	大夫	小心	放心

会话练习 ◆会話練習

1. 跟读写汉字 ◆ CDを聞いて発音した上で、漢字を書き入れなさい。

① Wǒ gǎnmào le.　　② Jīntiān bǐ zuótiān hǎo duō le.
③ Yǐjīng ràng dàifu kàn le ma?　　④ Nǐ yào hǎohāor xiūxi.

第二十课　今天比昨天好多了

2. 边听边连线 ◆ CDを聞いて内容が合うものを線でつなぎなさい。

(1) Nǐ zěnme yě lái yīyuàn le?　　A もう医者に診てもらいましたか。

(2) Wǒ yǐjīng qǐng Xiǎo Wáng　　B どうしてあなたも病院に来たの。
　　gàosu lǎoshī le.

(3) Jīntiān bǐ zuótiān hǎo duō le.　　C もう王君に頼んで先生に伝え
　　　　　　　　　　　　　　　　　　てもらいました。

(4) Wǒ tóngwū ràng wǒ péi tā　　D 今日は昨日よりだいぶ良くな
　　lái yīyuàn kànkan.　　　　　　　りました。

(5) Zuótiān wǎnshang lián wǎn　　E 明日の授業の欠席届は出しま
　　fàn dōu méi chī.　　　　　　　したか。

(6) Míngtiān de kè nǐ qǐng jià　　F 昨晩は夕食さえとりませんで
　　le ma?　　　　　　　　　　　した。

(7) Yǐjīng ràng dàifu kàn le ma?　　G ルームメイトから、付き添っ
　　　　　　　　　　　　　　　　　　て病院で医者に診てもらうよ
　　　　　　　　　　　　　　　　　　うに頼まれました。

3. 标调或注音 ◆ 声調符号やピンインをつけなさい。

① 听音标声调　◆ 発音を聞いて声調符号をつけなさい。

(1)	(2)	(3)
Ni zenme ye lai yiyuan le?	Ni yao haohaor xiuxi.	Ni ziji yao xiaoxin a.

② 听音标拼音　◆ 発音を聞いてピンインをつけなさい。

(1)	(2)	(3)
我头疼，而且有点儿咳嗽。	你让大夫看了吗？	今年的感冒越来越厉害了。

4. 看图说话 ◆ 絵を見ながら、下線部に言葉を入れて文を完成しなさい。

①

A: Nǐ gǎnmào bú yàojǐn ba?

B: Jīntiān bǐ zuótiān hǎo duō le.

②

A: Nǐ ____ bú yàojin ba.

B: Jīnnián bǐ qùnián hǎo_____le.

③

A: Míngtiān de kè nǐ qǐng jià le ma?

B: Wǒ yǐjīng qǐng Xiǎo Wáng gàosu lǎoshī le.

④

A: Míngtiān de___nǐ mǎi le ma?

B: Wǒ yǐjīng qǐng ____ ____ le.

第二十课　今天比昨天好多了

本课学过的基本句型　◆この課で学んだ基本文型

1. 今天比昨天好多了。　　　　　Jīntiān bǐ zuótiān hǎoduō le.
2. 已经让大夫看了吗？　　　　　Yǐjīng ràng dàifu kàn le ma?
3. 她让我陪她来医院看看。　　　Tā ràng wǒ péi tā lái yīyuàn kànkan.
4. 今年的感冒越来越厉害了。　　Jīnnián de gǎnmào yuè lái yuè lìhai le.
5. 我已经请小王告诉老师了。　　Wǒ yǐjīng qǐng Xiǎo Wáng gàosu lǎoshī le.
6. 不要熬夜了。　　　　　　　　Búyào áo yè le.

扩展练习　◆ステップアップ

短文　◆　短文

　　最近天气越来越冷了，得感冒的人比以前多了许多。山田也病了，不过他今天比昨天好一点儿了。山田今天来校医院让医生看了一下。医生让他多休息，多喝水。山田在医院看见了李华，他以为李华也病了。原来是李华的同屋不太舒服，让李华陪她来医院的。李华想帮山田请假，但是山田已经请小王告诉老师了。

　　Zuìjìn tiānqì yuè lái yuè lěng le, dé gǎnmào de rén bǐ yǐqián duōle xǔduō. Shāntián yě bìng le, búguò tā jīntiān bǐ zuótiān hǎo yìdiǎnr le. Shāntián jīntiān lái xiàoyīyuàn ràng yīshēng kànle yíxià. Yīshēng ràng tā duō xiūxi, duō hē shuǐ. Shāntián zài yīyuàn kànjiàn le Lǐ Huá, tā yǐwéi Lǐ Huá yě bìng le. Yuánlái shì Lǐ Huá de tóngwū bú tài shūfu, ràng Lǐ Huá péi tā lái yīyuàn de. Lǐ Huá xiǎng bāng Shāntián qǐng jià, dànshì Shāntián yǐjīng qǐng Xiǎo Wáng gàosu lǎoshī le.

生词和短语 ◆ 新出単語と短文表現

1. 天气　　　tiānqì　　　　名　　天気
2. 冷　　　　lěng　　　　 形　　寒い
3. 得　　　　dé　　　　　 動　　（病気に）かかる
4. 许多　　　xǔduō　　　　数　　多い、たくさん
5. 校医院　　xiàoyīyuàn　　名　　学校の病院
6. 帮　　　　bāng　　　　 動　　手伝う、代わりに〜してやる

1. 替换练习 ◆ 例文にならって、下線部の言葉を置き替えて練習しなさい。

①

(例)今年的感冒	(1) 山田的汉语	(2) 你的工作	(3) 你姐姐	(4) 你家的狗
厉害	好	忙	漂亮	大

（例）
A: Jīnnián de gǎnmào zěnmeyàng?
　　今年 的 感 冒 怎么样？

B: Jīnnián de gǎnmào yuè lái yuè lìhai le.
　　今年 的 感 冒 越 来 越 厉害 了。

②

(例)今天	(1) 山田	(2) 这个	(3) 美术馆	(4) 今天
昨天	李华	那个	图书馆	昨天
好	大	贵	近	冷
多了	三岁	一点儿	一点儿	三度

*大　dà　形　年上である、大きい
*岁　suì　量　（年齢を数える）〜才

第二十课　今天比昨天好多了

（例）

Jīntiān bǐ zuótiān hǎo ma?

A：今天 比 昨天 好 吗？

Jīntiān bǐ zuótiān hǎo duō le.

B：今天 比 昨天 好 多 了。

③

(例)医生	(1) 老师	(2) 妈妈	(3) 他	(4) 李华
他	学生	妹妹	同学	山田
多休息	写作业	去买东西	打开窗子	帮她请假

（例）

Yīshēng ràng tā gàn shénme?

A：医生 让 他 干 什么？

Yīshēng ràng tā duō xiūxi.

B：医生 让 他 多 休息。

④

(例)休息	(1) 复习	(2) 睡觉	(3) 多吃	(4) 记住
熬夜	玩儿	睡得太晚	吃得很少	忘

（例）

Zhè jǐ tiān nǐ yào hǎohāor xiūxi, búyào áo yè le.

A：这几天 你 要 好好儿 休息，不要 熬夜 了。

Fàng xīn ba.

B：放 心 吧。

2. 看图片回答问题 ◆ カルテを見て質問に答えなさい。

bìnglìkǎ hào 病历卡号: 27-31475	rìqī 日期: <u>2010</u>年<u>5</u>月<u>26</u>日　星期三	
xìngmíng Shāntián Yīláng 姓　名: 山田　一郎	xìngbié nán 性　别: 男	niánlíng　suì 年　龄: 20岁
zhèngzhuàng tóuténg késou tǐwēn　dù 症　　状: 头 疼 咳嗽 体温38.5度 zhěnduàn liúxíngxìng gǎnmào shàng hūxīdào gǎnrǎn 诊　断: 流行性　感冒、上　呼吸道　感染 zhìliáo gǎnkāng　　　yí rì sān cì　yí cì liǎng piàn 治疗: 1) 感康　12×1　一日三次 / 一次两 片 　　　bǎnlángēn chōngjì　　　yí rì sān cì　yí cì yì bāo 　　2) 板 蓝 根 冲 剂 12×1　一日三次 / 一次 一包 　　　tóubāolādīng jiāonáng　　　yí rì sì cì　　yí cì liǎng lì 　　3) 头孢　拉丁　胶囊 24×1　一日四次 / 一次两粒 　　　　　　　　　　　　yí rì liǎng cì　　yí cì yí piàn 　　4) Vc　15×1　一日两次 / 一次一片 jiànyì　duō xiūxi duō hē shuǐ 建议: 多　休息 多　喝水		

Shāntián déle shénme bìng?
① 山田　得了什么　病?

Shāntián késou bu késou?
② 山田　咳嗽 不 咳嗽?

Shāntián fā shāo le ma? Duōshao dù?
③ 山田　发烧 了 吗? 多少　度?

Yīshēng kāile jǐ zhǒng yào?
④ 医生　开了 几 种　药?

Yīshēng ràng Shāntián gàn shénme?
⑤ 医生　让　山田　干　什么?

＊开药　kāi yào　動　薬を処方する

第二十课　今天比昨天好多了

3. 根据自己的情况回答问题 ◆ 自分の状況をふまえ、質問に答えなさい。

① Nǐ jīngcháng gǎnmào ma?
　你 经常 感冒 吗？

② Nǐ gǎnmào de shíhou tóu téng bu téng?
　你 感冒 的 时候 头 疼 不 疼？

③ Nǐ gǎnmào de shíhou qù yīyuàn qǐng dàifu kàn ma?
　你 感冒 的 时候 去 医院 请 大夫 看 吗？

④ Nǐ gǎnmào de shíhou hái qù shàng kè ma?
　你 感冒 的 时候 还 去 上 课 吗？

⑤ Rìběn dōngtiān gǎnmào de rén duō ma?
　日本 冬天 感冒 的 人 多 吗？

朗读诗歌 ◆次の漢詩を朗読しなさい。

Chūn yè
春　夜
Sū Shì
苏　轼

Chūn xiāo yí kè zhí qiān jīn
春　宵 一 刻 值 千 金
Huā yǒu qīng xiāng yuè yǒu yīn
花 有 清 香 月 有 阴
Gē guǎn lóu tái shēng xì xì
歌 管 楼 台 声 细 细
Qiū qiān yuàn luò yè chén chén
秋 千 院 落 夜 沉 沉

春夜
春宵一刻　値（あたい）千金
花に清香有り　月に陰（かげ）有り
歌管　楼台　声　細細
鞦韆　院落　夜　沈沈

〈蘇軾〉

第二十一课　那边 过来了一个服务员
Dì èrshiyī kè　　Nàbian guòlaile yí ge fúwùyuán

≈≈料理を注文する≈≈

会话　◆会話

在餐馆的会话
Zài cānguǎn de huìhuà
◆ レストランでの会話

Fúwùyuán: Huānyíng guānglín! Yígòng jǐ wèi?
Wáng Lì: Liǎng ge rén. Yǒu meiyǒu kào chuāng de zuòwèi?
Fúwùyuán: Yǒu, zhèbian qǐng.
Wáng Lì: Nǐ xiǎng chī diǎnr shénme? Jīntiān wǒ qǐng kè.
Shāntián: Nà zěnme hǎoyìsi ne?
Wáng Lì: Nǐ shì kèrén ma. Yǒu shénme bù hǎoyìsi ne?
Shāntián: Nà tài xièxie le.
Wáng Lì: Wǒ qǐng nǐ chī zhèli zuì yǒumíng de dàzháxiè. Kàn, qiángshang jiù guàzhe dàzháxiè de zhàopiàn.
Shāntián: Nàbian guòlaile yí ge fúwùyuán.
Wáng Lì: Fúwùyuán, wǒmen diǎn cài. Yǒu dàzháxiè ma?
Fúwùyuán: Duìbuqǐ! Dàzháxiè méiyǒu le.
Wāng Lì: Dàzháxiè bú shì nǐmen de tèsè cài ma?
Fúwùyuán: Shì de. Dànshì jīntiān láile hěn duō kèren, màiwán le. Wǒmen diàn de hǎipángxiè yě búcuò.
Wáng Lì: Hǎo ba, xiān lái liǎng zhī.

服务员：欢迎光临！一共几位？
王　丽：两个人。有没有靠窗的座位？
服务员：有，这边请。

第二十一课　那边过来了一个服务员

王　丽：你想吃点儿什么？今天我请客。
山　田：那怎么好意思呢？
王　丽：你是客人嘛。有什么不好意思呢？
山　田：那太谢谢了。
王　丽：我请你吃这里最有名的大闸蟹。
　　　　看，墙上就挂着大闸蟹的照片。
山　田：那边过来了一个服务员。
王　丽：服务员，我们点菜。有大闸蟹吗？
服务员：对不起！大闸蟹没有了。
王　丽：大闸蟹不是你们的特色菜吗？
服务员：是的。但是今天来了很多客人，卖完了。我们店的海螃蟹也不错。
王　丽：好吧，先来两只。

（王麗：上海の友人）

生词和短语　◆新出単語と短文表現

1. 光临	guānglín	動	ご光臨、おいでになる
2. 一共	yígòng	副	全部で、合わせて
3. 位	wèi	量	～人（人を丁寧に数える）
4. 靠	kào	動	近寄る
5. 窗	chuāng	名	窓
6. 座位	zuòwèi	名	座席
7. 请客	qǐng kè	動	客を招待する、おごる
8. 好意思	hǎoyìsi	動	平気だ
9. 客人	kèrén	名	お客
10. 大闸蟹	dàzháxiè	名	上海蟹
11. 点	diǎn	動	（料理などを単品で）注文する
12. 特色	tèsè	名	特色
13. 卖	mài	動	売る
14. 海螃蟹	hǎipángxiè	名	蟹（渡り蟹）

生词练习　◆単語練習

1. 听音标序号　◆　発音を聞いて下の日本語に番号をつけなさい。

①

平気だ	注文する	全部で	ボーイ	おいでになる

②

お客	特色	渡り蟹	おごる	座席

③

〜人(丁寧語)	窓	上海蟹	近寄る	売る

2. 听音标序号　◆　発音を聞いて下の絵に番号をつけなさい。

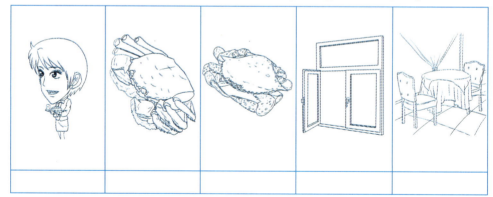

3. 听音标序号　◆　発音を聞いて下の漢字に番号をつけなさい。

①

一共	靠	好意思	欢迎	光临

第二十一课　那边过来了一个服务员

②

客人	请客	海螃蟹	特色	座位

③

窗	服务员	大闸蟹	有名	卖

4. 注音朗读　◆　下の単語にピンインをつけて発音しなさ。

①

特色	座位	客人	一共	好意思

②

欢迎	服务员	点	请客	卖

③

窗	大闸蟹	有名	光临	海螃蟹

会话练习　◆会話練習

1. 跟读写汉字　◆　CDを聞いて発音した上で、漢字を書き入れなさい。

① Yǒu méiyou kào chuāng de zuòwèi?

② Nǐ xiǎng chī diǎnr shénme?

③ Nà zěnme hǎoyìsi ne?

2. 边听边连线 ◆ CDを聞いて内容が合うものを線でつなぎなさい。

(1) Jīntiān wǒ qǐng kè.　　　　　A 壁に上海蟹の写真が掛かっています。

(2) Yǒu méiyou kào chuāng　　　B 今日はたくさんのお客様が来られ
　　de zuòwèi?　　　　　　　　　　ました。

(3) Huānyíng guānglín.　　　　　C 今日は私がおごります。

(4) Qiángshang guàzhe　　　　　D ばつが悪いなんてありませんよ。
　　dàzháxiè de zhàopiàn.

(5) Yǒu shénme bù hǎoyìsi ne?　E あちらからボーイさんがやって来
　　　　　　　　　　　　　　　　　　ましたよ。

(6) Jīntiān láile hěn duō kèren.　F ようこそいらっしゃいました。

(7) Nàbian guòlaile yí ge　　　　G 窓よりの席はありませんか。
　　fúwùyuán.

3. 标调或注音 ◆ 声調符号やピンインをつけなさい。

① 听音标声调　◆ 発音を聞いて声調符号をつけなさい。

(1)	(2)	(3)
Yigong ji wei?	Ni xiang chi shenme?	Women dian de haipangxie ye bucuo.

② 听音标拼音　◆ 発音を聞いてピンインをつけなさい。

(1)	(2)	(3)
那边过来了一个服务员。	墙上就挂着大闸蟹的照片。	有没有靠窗的座位？

第二十一课　那边过来了一个服务员

4. 看图说话　◆　絵を見ながら、下線部に言葉を入れて文を完成しなさい。

① 　A

Huānyíng guānglín! yígòng jǐ wèi?

Yǒu, zhèbian qǐng.

B

Liǎng ge rén. Yǒu meiyǒu kào chuāng de zuòwèi?

② 　A

Huānyíng guānglín! yígòng jǐ wèi?

Yǒu, zhèbian qǐng.

B

_____. Yǒu meiyǒu kào____de zuòwèi?

*过道　guòdào　名　通路

③ 　A

Wǒmen diǎn cài. Yǒu dàzháxiè ma?

Hǎo ba, lái liǎng zhī.

B

Duìbuqǐ! dàzháxiè méiyǒu le. Wǒmen diàn de hǎipángxiè yě búcuò.

④

A

Wǒmen diǎn cài. Yǒu＿＿＿ma?

Hǎo ba, lái＿＿＿.

B

Duìbuqǐ! ＿＿＿méiyǒu le. Wǒmen diǎn de＿＿＿ yě búcuò.

* 面条　miàntiáo　名　うどん、麺類
* 碗　　wǎn　　　量　～杯（お椀に入ったものを数える）

本课学过的基本句型　◆この課で学んだ基本文型

1　那怎么好意思呢?　　　　　　Nà zěnme hǎoyìsi ne?
2　有什么不好意思呢?　　　　　Yǒu shénme bù hǎoyìsi ne?
3　墙上就挂着大闸蟹的照片。　Qiángshang jiù guàzhe dàzháxiè de zhàopiàn.
4　那边过来了一个服务员。　　Nàbiān guòlaile yí ge fúwùyuán.
5　大闸蟹不是你们的特色菜吗?　Dàzháxiè bú shì nǐmen de tèsè cài ma?
6　今天来了很多客人。　　　　Jīntiān láile hěn duō kèren.

扩展练习　◆ステップアップ

短文　◆　短文

　　今天家里来了一位客人。他是我在日本留学时认识的朋友。这次他专门到上海来看我,我非常高兴。中午我请他去我家附近的海鲜餐馆儿吃饭。本来打算请他吃上海最有名的大闸蟹,因为今天客人太多,大闸蟹卖完了,非常遗憾。我们没有吃到大闸蟹,不过,服务员推荐的海螃蟹味道也相当不错。我和朋友都吃得非常满意。

第二十一课　那边过来了一个服务员

Jīntiān jiā li láile yí wèi kèrén. Tā shì wǒ zài Rìběn liúxué shí rènshi de péngyou. Zhè cì tā zhuānmén dào Shànghǎi lái kàn wǒ, wǒ fēicháng gāoxìng. Zhōngwǔ wǒ qǐng tā qù wǒ jiā fùjìn de hǎixiān cānguǎnr chī fàn. Běnlái dǎsuan qǐng tā chī Shànghǎi zuì yǒumíng de dàzháxiè, yīnwèi jīntiān kèrén tài duō, dàzháxiè màiwán le, fēicháng yíhàn. Wǒmen méiyou chīdào dàzháxiè, búguò, fúwùyuán tuījiàn de hǎipángxiè wèidào yě xiāngdāng búcuò. Wǒ hé péngyou dōu chī de fēicháng mǎnyì.

生词和短语　◆　新出単語と短文表現

1. 认识	rènshi	動	知り合う
2. 专门	zhuānmén	副	わざわざ
3. 海鲜	hǎixiān	名	海鮮
4. 餐馆儿	cānguǎnr	名	レストラン
5. 遗憾	yíhàn	形	遺憾だ
6. 推荐	tuījiàn	動	推薦する
7. 相当	xiāngdāng	副	相当、かなり
8. 不错	búcuò	形	よい、悪くない
9. 满意	mǎnyì	動	満足だ

1. 替换练习　◆　例文の単語を入れ替えて、文章を完成しなさい。

①

(例)家里	(1) 班上	(2) 美术馆	(3) 我们大学	(4) 他家
一位客人	一个新同学	很多人	一些高中生	两个留学生

(例)　　　Jīntiān jiā li láile yí wèi kèrén.
A：今天 家里 来了 一位 客人。

②

(例)大闸蟹	(1) 我们	(2) 乒乓球	(3) 这个菜	(4) 这个餐馆
你们的特色菜	老朋友	最受欢迎的运动	你喜欢吃的	他推荐的

(例)　　　Dàzháxiè bú shì nǐmen de tèsè cài ma?

A：大闸蟹 不是 你们 的 特色菜 吗？

　　　　Shì de.

B：是 的。

③

(例)客人	(1) 我的女朋友	(2) 我的好朋友	(3) 妹妹	(4) 新来的

(例)　　　Nà zěnme hǎoyìsi ne?

A：那 怎么 好意思 呢？

　　　　Nǐ shì kèrén ma. Yǒu shénme bù hǎoyìsi ne?

B：你 是 客人 嘛。有 什么 不好意思 呢？

④

(例)墙上	(1) 教室里	(2) 桌子上	(3) 超市里	(4) 运动场上
挂着	坐着	放着	来了	有
大闸蟹的照片	一个学生	一本杂志	很多客人	很多选手

(例)　　　Kàn, qiáng shang guàzhe dàzháxiè de zhàopiàn.

A：看，墙 上 挂着 大闸蟹 的 照 片。

　　　　Shì a!

B：是 啊！

第二十一课　那边过来了一个服务员

2. 看菜谱回答问题 ◆ メニューを見て質問に答えなさい。

菜谱

qīngjiāo ròusī 青椒 肉丝	15.00元	mápó dòufu 麻婆 豆腐	8.00元
huíguōròu 回锅肉	20.00元	qīngzhēngyú 清　蒸　鱼	25.00元
chǎo qīngcài 炒　青菜	23.00元	xīhóngshì chǎo jīdàn 西红柿炒鸡蛋	5.00元

tèsè cài
特色菜

qīngjiāo dàxiā 青椒大虾	28.00元	hóngshāo pángxiè 红烧　螃蟹	40.00元

tāng
汤

jīdàntāng 鸡蛋汤	6.00元	sānxiāntāng 三鲜汤	5.00元

zhǔshí
主食

mǐfàn 米饭	2.00元	chǎofàn 炒饭	4.00元
miàntiáo 面条	5.00元	jiǎozi 饺子	4.00元

jiǔshuǐ
酒水

báijiǔ 白酒	40.00元	píjiǔ 啤酒	3.50元
pútáojiǔ 葡萄酒	25.00元	júzizhī 橘子汁	5.00元
wūlóngchá 乌龙茶	2.00元		

　　　　Zhè jiā cānguǎnr de cài shì Zhōngguócài háishi Rìběncài?
① 这家 餐馆儿 的菜是 中国菜 还是 日本菜？
　　　　Zhèli de tèsè cài shì shénme?
② 这里 的 特色菜 是 什么？
　　　　Shénme cài zuì piányi?
③ 什么 菜 最 便宜？
　　　　Chǎofàn duōshao qián?
④ 炒饭 多少 钱？
　　　　Zhèli yǒu jǐ zhǒng jiǔ?
⑤ 这里 有 几种 酒？

3. 根据自己的情况回答问题 ◆ 自分の状況をふまえ、質問に答えなさい。

　　　　Nǐ xǐhuan chī shénme Zhōngguócài?
① 你 喜欢 吃 什么 中国菜？
　　　　Nǐ xǐhuan de Zhōngguó càiguǎnr zài nǎr? Jiào shénme míngzi?
② 你 喜欢 的 中国 菜馆儿 在 哪儿？ 叫 什么 名字？
　　　　Nàr de tèsè cài shì shénme? Jiàgé guì bu guì?
③ 那儿 的 特色菜 是 什么？ 价格 贵 不 贵？
　　　　Nǐ kàn de dǒng Zhōngwén càidān ma?
④ 你 看得 懂 中文 菜单 吗？
　　　　Nǐ yìbān shénme shíhou qǐng kè?
⑤ 你 一般 什么 时候 请客 ？

第二十一课　那边过来了一个服务员

朗读诗歌 ◆次の漢詩を朗読しなさい。

Shì ér
示 儿
Lù Yóu
陆 游

Sǐ qù yuán zhī wànshì kōng
死去元知万事空
Dàn bēi bú jiàn jiǔzhōu tóng
但悲不见九州同
Wáng shī běi dìng zhōngyuán rì
王师北定中原日
Jiājì wú wàng gào nǎi wēng
家祭无忘告乃翁

児に示す
死し去れば 元より知る 万事は空しと
但だ悲しむ 九州の同じきを見ざるを
王師 北のかた中原を定むるの日
家祭 忘るる無かれ 乃翁に告ぐるを

＜陸游＞

第十九課～第二十一課・文法のまとめ

<第十九課>

1.「把」構文

目的語は一般的には動詞の後ろに置かれるが、介詞「把」を使って動詞の前に出すことができる。この場合、「把」に伴われた対象に対してどのように働きかけたかをあらわす。

この構文は、働きかけの結果を述べるので、動詞の後にはさまざまな要素がつけられる。

我去把水果拿来。　　（私は果物を取りに行ってきますよ。）
你把厨房门关上。　　（キッチンのドアをしっかり閉めてね。）

2．兼語文

前の動詞の目的語が、後の動詞の主語を兼ねる文を「兼語文」という。

主語1＋動詞1＋目的語1
　　　　　　　主語2＋動詞2＋目的語2

我请他吃饭。
（かれを食事に招待します。）
我有一个朋友在大学教法语。
（私には、大学でフランス語を教えている一人の友人がいます。）

3．選択疑問文

「選択疑問文」とは、「是A还是B？」という形をとり、AかBかを選択してもらう疑問文である。
你是喝茶还是喝咖啡？
（あなたはお茶を飲む、それともコーヒー。）

是你来，还是我去？
（あなたが来る、それとも私が行きましょうか。）

＜第二十課＞

１．比較の表現（その２）
　　比較の表現は「Ａ比Ｂ＋形容詞」であることは学んだが（第八課参照）、比較した「差」をあらわす要素は形容詞の後ろに置かれる。
我比弟弟大三岁。　　（私は弟より三才年上です。）
今天比昨天好多了。　（今日は昨日よりずいぶんよくなりました。）

２．使役文
　　＜第十九課＞で学んだ「兼語文」において、「動詞１」に、使役をあらわす動詞「使」・「让」・「叫」を用いると、「～に～させる」という意味を持つ使役文となる。「使」は使役文にしか使えないが、「让」・「叫」は受身文（＜第二十三課＞参照）でも使える。
父亲叫儿子锻炼身体。（父は息子に身体を鍛えさせた。）
她让我陪她来医院看看。
（彼女に付き添って、病院で医者に診てもらうよう頼まれました。）

３．「越…越…」の構文
　　副詞の「越」を重ねて「越…越…」という形にすると、「～すればするほど～だ」、という表現が可能となる。「越来越…」とすると「ますます～だ」という意味になる。
蔬菜越新鲜越好吃。（野菜は新鮮なほどおいしいです。）
今年的感冒越来越厉害了。
（今年の風邪はますますひどくなりました。）
最近天气越来越冷了。（近頃、天候はますます寒くなりました。）

<第二十一課>

1. **存現文**

「人」や「もの」の存在・出現・消失をあらわす文を「存現文」という。その場合、語順は次のようになる。

```
  主語    ＋   動詞   ＋   目的語
(場所・時間)           (存在する人・もの)
```

従って、文頭に置かれるのは、場所や時間であり、動作の主体ではない。目的語の位置に置かれた「人」や「もの」が意味上の動作の主体となる。

① 存在をあらわす存現文には、動詞の後にしばしば持続を示すアスペクト助詞「着」(＜第十七課＞参照)を伴う。
墙上就挂着大闸蟹的照片。(壁に上海蟹の写真が掛かっています。)
办公室里坐着一位客人。
(事務室にお客様が一人座っておられます。)

② 出現・消失をあらわす存現文には、動詞の後にはしばしば完了を示すアスペクト助詞「了」(＜第九課＞参照)を伴う。
那边过来了一个服务员。(あちらからボーイがやってきましたよ。)
今天来了很多客人。(今日は、たくさんお客様が来られました。)
我们班走出去了一个同学。
(クラスから同級生が一人出ていきました。)

2. **反語の表現**

反語文は、否定の文型で強い肯定を、肯定の文型で強い否定の意味をあらわす。
有什么不好意思呢？
(ばつが悪いなんてことはありませんよ。)
大闸蟹不是你们的特色菜吗？
(上海蟹は、こちらのとっておきの料理じゃないんですか。)

第十九課～第二十一課・文法のまとめ

★★補語のまとめ★★

様態補語	我昨天睡<u>得太晚了</u>。＜十七課＞
程度補語	这几天冷<u>得要命了</u>。＜十七課＞
結果補語	我在西单看<u>见</u>了。＜十六課＞
方向補語	请坐<u>下</u>。＜十二課＞
可能補語	我听<u>不清楚</u>。＜十八課＞
動量補語	我一个星期去游<u>五次</u>。＜十五課＞
時量補語	我踢了<u>三年</u>足球。＜十五課＞
差量補語	今天比昨天好<u>多</u>了。＜二十課＞

第二十二课　我要一个靠窗的座位
Dì èrshíèr kè　　Wǒ yào yí ge kào chuāng de zuòwèi

上海へ旅行する

会话 ◆会話

在航空公司柜台前的会话
Zài hángkōng gōngsī guìtái qián de huìhuà
◆ 航空会社受付カウンターでの会話

Shāntián: Nín hǎo! Zhè shì wǒ de hùzhào hé jīpiào.

Jiēdài xiǎojiě: Nín hǎo! Nín yǒu xūyào tuōyùn de xíngli ma?

Shāntián: Yǒu, wǒ xiǎng tuōyùn zhè zhī lǚxíngxiāng.

Jiēdài xiǎojiě: Qǐng tái shànglai chēng yíxià. ...Chāo zhòng le. Nín kěyǐ bǎ lǐmian de dōngxi ná chūlai yìdiǎnr ma?

Shāntián: Hǎo. Xiànzài kěyǐ le ma?

Jiēdài xiǎojiě: Méi wèntí le.

Shāntián: Qǐng gěi wǒ yí ge kào chuāng de zuòwèi.

Jiēdài xiǎojiě: Duìbuqǐ, xiànzài kào chuāng de zuòwèi yí ge yě méiyǒu le.

Shāntián: Nà wǒ jiù yào kào guòdào de ba.

Jiēdài xiǎojiě: Hǎo. Zhè shì nín de dēngjīpái, EA yāo'èrwǔsì hángbān, shíwǔ diǎn sānshí fēn qǐfēi, fēiwǎng Shànghǎi. Qǐng nín zài qǐfēi shíwǔ fēnzhōng qián dào èrshí'èr hào dēngjīkǒu dēng jī.

Shāntián: Xièxie.

Bōyīnyuán: Chéngzuò EA yāo'èrwǔsì hángbān qiánwǎng Shànghǎi de lǚkè qǐng zhùyì, nín chéngzuò de fēijī xiànzài kāishǐ dēngjī le. Qǐng dào èrshí'èr hào dēngjīkǒu dēngjī.

第二十二课　我要一个靠窗的座位

山田：您好！这是我的护照和机票。
接待小姐：您好！您有需要托运的行李吗？
山田：有，我想托运这只旅行箱。
接待小姐：请抬上来称一下。……超重了。您可以把里面的东西拿出来一点儿吗？
山田：好。现在可以了吗？
接待小姐：没问题了。
山田：请给我一个靠窗的座位。
接待小姐：对不起，现在靠窗的座位一个也没有了。
山田：那我就要靠过道的吧。
接待小姐：好。这是您的登机牌，EA1254航班，十五点三十分起飞，飞往上海。请您在起飞十五分钟前到22号登机口登机。
山田：谢谢。
播音员：乘坐EA1254航班前往上海的旅客请注意，您乘坐的飞机现在开始登机了。请到22号登机口登机。

生词和短语　◆新出単語と短文表現

1. 机票　　　jīpiào　　　名　　航空チケット
2. 需要　　　xūyào　　　動　　必要とする
3. 托运　　　tuōyùn　　　動　　託送する
4. 行李　　　xíngli　　　名　　荷物
5. 只　　　　zhī　　　　量　　（箱、時計などを数える）～個
6. 旅行箱　　lǚxíngxiāng　名　　スーツケース
7. 称　　　　chēng　　　動　　量る
8. 超重　　　chāo zhòng　動　　重量オーバー
9. 里面　　　lǐmian　　　名　　中
10. 给　　　　gěi　　　　動　　与える
11. 登机　　　dēng jī　　　動　　搭乗する
12. 登机牌　　dēngjīpái　　名　　搭乗券
13. 航班　　　hángbān　　　名　　便名、就航ダイヤ
14. 起飞　　　qǐfēi　　　　動　　離陸する

15. 飞	fēi	動	飛ぶ
16. 往	wǎng	介	～へ
17. 登机口	dēngjīkǒu	名	搭乗口
18. 播音员	bōyīnyuán	名	アナウンサー
19. 乘坐	chéngzuò	動	（乗り物に）乗る
20. 前往	qiánwǎng	動	向かう、赴く
21. 旅客	lǚkè	名	旅客
22. 注意	zhùyì	動	注意する

生词练习 ◆単語練習

1. 听音标序号 ◆ 発音を聞いて下の日本語に番号をつけなさい。

①
スーツケース	便名	離陸する	搭乗する	重量オーバー

②
必要とする	アナウンサー	託送する	搭乗券	量る

③
中	荷物	搭乗口	旅客	注意する

2. 听音标序号 ◆ 発音を聞いて下の絵に番号をつけなさい。

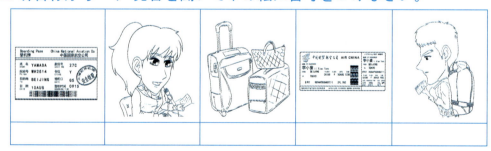

第二十二课　我要一个靠窗的座位

3. 听音标序号　◆　発音を聞いて下の漢字に番号をつけなさい。

①

播音员	托运	登机	旅客	起飞

②

乘坐	里面	超重	行李	机票

③

注意	前往	航班	需要	旅行箱

4. 注音朗读　◆　下の単語にピンインをつけて発音しなさい。

①

登机牌	乘坐	机票	航班	超重

②

需要	注意	旅客	前往

③

播音员	起飞	旅行箱	托运

会话练习　◆会話練習

1. 跟读写汉字　◆　CDを聞いて発音した上で、漢字を書き入れなさい。

① Zhè shì wǒ de hùzhào hé jīpiào.

② Wǒ xiǎng tuōyùn zhè zhī lǚxíngxiāng.

③ Qǐng dào èrshi'èr hào dēngjīkǒu dēngjī.

2. 边听边连线 ◆ CDを聞いて内容が合うものを線でつなぎなさい。

(1) Zhè shì nín de dēngjīpái.　　A 窓際の席にしてください。

(2) Nín chéngzuò de fēijī xiànzài kāishǐ dēngjī le.　　B 託送しなければならない荷物はございますか。

(3) Xiànzài kào chuāng de zuòwèi yí ge yě méiyǒu le.　　C お乗りになる飛行機はただ今搭乗を開始しました。

(4) Chāo zhòng le.　　D 結構です。

(5) Qǐng gěi wǒ yí ge kào chuāng de zuòwèi.　　E 重量オーバーです。

(6) Méi wèntí le.　　F ただ今窓際の席は一席も無くなりました。

(7) Nín yǒu xūyào tuōyùn de xíngli ma?　　G こちらがあなたの搭乗券です。

3. 标调或注音 ◆ 声調符号やピンインをつけなさい。

① 听音标声调　◆ 発音を聞いて声調符号をつけなさい。

(1)	(2)	(3)
Na wo jiu yao kao guodao de ba.	Qing dao ershi'er hao dengjikou dengji.	Zhe shi wo de huzhao he jipiao.

② 听音标拼音　◆ 発音を聞いてピンインをつけなさい。

(1)	(2)	(3)
现在可以了吗？	请抬上来称一下。	十五点三十分起飞,飞往上海。

第二十二课　我要一个靠窗的座位

4. 看图说话 ◆ 絵を見ながら、下線部に言葉を入れて文を完成しなさい。

①

A
Nín hǎo! Zhè shì wǒ de hùzhào hé jīpiào.

Yǒu, wǒ xiǎng tuōyùn zhè zhī lǚxíngxiāng.

B
Nín hǎo! Nín yǒu xūyào tuōyùn de xíngli ma?

②

A
Nín hǎo! Zhè shì wǒ de ＿＿＿ hé jīpiào.

Yǒu, wǒ xiǎng tuōyùn zhè zhī ＿＿＿.

B
Nín hǎo! Nín yǒu xūyào tuōyùn de xíngli ma?

＊身份证　　shēnfènzhèng　　名　身分証明書
＊纸箱　　　zhǐxiāng　　　　名　段ボール箱

③

A
Qǐng gěi wǒ yíge kào chuāng de zuòwèi.

Nà wǒ jiù yào kào guòdào de ba.

B
Duìbuqǐ, xiànzài kào chuāng de zuòwèi yíge yě méiyǒu le.

④

A

Qǐng gěi wǒ yí ge
＿＿＿＿ de
zuòwèi.

Nà wǒ jiù yào
＿＿＿＿ de ba.

B

Duìbuqǐ! xiànzài
＿＿＿＿ de zuòwèi
yí ge yě méiyǒu le.

本课学过的基本句型 ◆ この课で学んだ基本文型

1 您有需要托运的行李吗？ Nín yǒu xūyào tuōyùn de xíngli ma?

2 现在靠窗的座位一个也没有了。 Xiànzài kào chuāng de zuòwèi yí ge yě méiyǒu le.

3 那我就要靠过道的吧。 Nà wǒ jiù yào kào guòdào de ba.

4 乘坐EA1254航班前往上海的旅客请注意。 Chéngzuò EA yāo'èrwǔsì hángbān qiánwǎng Shànghǎi de lǚkè qǐng zhùyì.

5 您乘坐的飞机现在开始登机了。 Nín chéngzuò de fēijī xiànzài kāishǐ dēngjī le.

6 请到22号登机口登机。 Qǐng dào èrshí'èr hào dēngjīkǒu dēngjī.

扩展练习 ◆ステップアップ

短文 ◆ 短文

　　这个周末我在上海的朋友要结婚。我决定去参加他的婚礼。前两天，我给旅行社打电话订了一张15号去上海的飞机票。今天我提前两个小时来到机场办理搭乘手续。我喜欢靠窗的位子，因为我想从飞机上看

第二十二课　我要一个靠窗的座位

看上海。可是靠窗的位子一个也没有了。今天我乘坐的班机晚点了。不过我听懂了广播，没有错过登机的时间。

　　Zhè ge zhōumò wǒ zài Shànghǎi de péngyou yào jié hūn. Wǒ juédìng qù cānjiā tā de hūnlǐ. Qián liǎng tiān wǒ gěi lǚxíngshè dǎ diànhuà dìngle yì zhāng shíwǔ hào qù Shànghǎi de fēijīpiào. Jīntiān wǒ tíqián liǎng ge xiǎoshí láidào jīchǎng bànlǐ dāchéng shǒuxù. Wǒ xǐhuan kào chuāng de wèizi, yīnwèi wǒ xiǎng cóng fēijī shang kànkan Shànghǎi. Kěshì kào chuāng de wèizi yí ge yě méiyǒu le. Jīntiān wǒ chéngzuò de bānjī wǎn diǎn le. Búguò wǒ tīngdǒngle guǎngbō, méiyǒu cuòguò dēngjī de shíjiān.

生词和短语　◆　新出単語と短文表現

1. 决定	juédìng	動	決める
2. 婚礼	hūnlǐ	名	結婚式
3. 旅行社	lǚxíngshè	名	旅行社
4. 订	dìng	動	予約する
5. 办理	bànlǐ	動	処理する
6. 搭乘	dāchéng	動	搭乗する
7. 手续	shǒuxù	名	手続き
8. 位子	wèizi	名	座席
9. 班机	bānjī	名	(飛行機の)定期便、〜便
10. 广播	guǎngbō	動	放送する
11. 错过	cuòguò	動	間違える、(チャンスを)逃す

1. 替换练习　◆　例文の単語を入れ替えて、文章を完成しなさい。

①

（例）托运	（1）洗	（2）做完	（3）交	（4）办理
行李	衣服	作业	论文	事儿

(例)   Nín yǒu xūyào tuōyùn de xíngli ma?
A：您 有 需要 托运 的 行李 吗？
　　　Méiyǒu.
B：没有。

②

(例)个	(1) 张	(2) 个	(3) 罐	(4) 瓶
靠窗的座位	明天的机票	白色的手机	最有名的茶	最辣的辣油

(例)   Qǐng gěi wǒ yí ge kào chuāng de zuòwèi.
A：请 给 我 一个 靠 窗 的 座位。
　　　Duìbuqǐ! Xiànzài kào chuāng de zuòwèi yí ge yě méiyǒu le.
B：对不起！现在 靠 窗 的 座位 一个 也 没有 了。

③

(例)乘坐	(1) 参加	(2) 搭乘	(3) 想看	(4) 坐
飞机	婚礼	飞机	棒球比赛	新干线
开始登机	开始	起飞	开始	开车

(例)   Nín chéngzuò de fēijī xiànzài kāishǐ dēngjī le.
您 乘坐 的 飞机 现在 开始 登机 了。

第二十二课　我要一个靠窗的座位

④

(例)靠窗的位子	(1) 坐公共汽车	(2) 去美术馆	(3) 看电视	(4) 去奈良
从飞机上	在车上	在画展上	在电视里	在那儿
上海	路上的风景	世界的名画	各种比赛	名胜古迹

(例)　Wǒ xǐhuan kào chuāng de wèizi.　Yīnwèi wǒ xiǎng cóng fēijī shang kànkan Shànghǎi.
我喜欢靠窗的位子。因为我想从飞机上看看上海。

2. 看飞机时刻牌回答问题 ◆ 出発便の時刻表を見て、質問に答えなさい。

飞机时刻牌

航班	目的地	办理时间	登机时间	起飞时间	登机口	航空公司
EA990	广州	13:10	14:40	15:00	16	上海航空
GT876	北京	14:25	15:55	16:25	7	西安航空
TE3813	西安	15:30	17:00	17:25	11	四川航空
WS122	上海	15:45	17:10	17:30	5	北京航空

　　Qù Běijīng de fēijī jǐ diǎn kāishǐ bànlǐ dēngjī shǒuxù?
① 去北京的飞机几点开始办理登机手续？
　　WS yāo'èr'èr hángbān fēiwǎng shénme dìfang?
② WS122航班飞往什么地方？
　　EA jiǔjiǔlíng hángbān shénme shíhou kāishǐ dēng jī?
③ EA990航班什么时候开始登机？
　　TE sānbāyāosān hángbān jǐ diǎn qǐfēi?
④ TE3813航班几点起飞？
　　GT bāqīliù hángbān zài jǐ hào dēngjīkǒu dēng jī?
⑤ GT876航班在几号登机口登机？

3. 根据自己的情况回答问题 ◆ 自分の状況をふまえ、質問に答えなさい。

　　　Nǐ zuòguo fēijī ma? Nàshí nǐ qù nǎr?
① 你 坐过 飞机 吗？那时 你 去 哪儿？
　　　Nǐ zěnme mǎi jīpiào?
② 你 怎么 买 机票？
　　　Cóng nǐ jiā zěnme qù jīchǎng?
③ 从 你家 怎么 去 机场？
　　　Nǐ yìbān tíqián duō cháng shíjiān qù jīchǎng?
④ 你 一般 提前 多长 时间 去 机场？
　　　Nǐ juéde fēijī hé xīngànxiàn nǎ ge fāngbiàn? Wèi shénme?
⑤ 你 觉得 飞机 和 新干线 哪个 方便？ 为什么？

朗读诗歌 ◆次の漢詩を朗読しなさい。

Gāixià gē
垓下 歌
Xiàng Yǔ
项 羽

Lì bá shān xī qì gài shì
力 拔 山 兮 气 盖 世
Shí bú lì xī zhuī bú shì
时 不 利 兮 骓 不 逝
Zhuī bú shì xī kě nài hé
骓 不 逝 兮 可 奈 何
Yú xī yú xī nài ruò hé
虞 兮 虞 兮 奈 若 何

垓下歌
力は山を抜き 気は世を覆う
時利あらず 騅 逝かず
騅の逝かざるを 如何せん
虞や虞や 奈(なんじ)を如何せん

<項羽>

Dì èrshisān kè　　Wǒ de qiánbāo bèi tōu le
第二十三课　我 的 钱包 被 偷 了
≈≈被害を届け出る≈≈

会话　◆会話

Zài gōng'ānjú de huìhuà
在 公安局 的 会话
◆ 警察署での会話

Shāntián: Nín hǎo, wǒ de qiánbāo bèi xiǎotōu tōu le.

Jǐngchá: Nǐ bié zháojí, qǐng zuòxia shuō. Nǐ shì shénme shíhou fāxiàn de?

Shāntián: Gāngcái fāxiàn de. Wǒ yào fù qián de shíhou, fāxiàn qiánbāo bú jiàn le.

Jǐngchá: Nǐ gāngcái zài nǎr?

Shāntián: Wǒ hé péngyou gāngcái zài chāoshì mǎi dōngxi.

Jǐngchá: Qiánbāo shì shénmeyàng de?

Shāntián: Hēisè niúpí de, chángfāngxíng.

Jǐngchá: Qiánbāo li yǒu shénme?

Shāntián: Yǒu yìqiān kuài zuǒyòu de rénmínbì, liǎngwàn Rìyuán.

Jǐngchá: Hái diūle shénme ma?

Shāntián: Méiyǒu, qítā dōu zài.

Jǐngchá: Hǎo, nín kàn yíxià zhè fèn jìlùdān, méiyǒu cuòwù dehuà, zài zhèli qiān yíxià nǐ de míngzi. Wǒmen yǒu xiāoxi jiù tōngzhī nǐ, qǐng bǎ nǐ de liánxì diànhuà hé dìzhǐ liú xiàlai.

Shāntián: Zhè shàngmian yǒu wǒ de diànhuà hé dìzhǐ. Nà jiù máfan nǐmen le.

山田：您好，我的钱包被小偷偷了。
警察：你别着急，请坐下说。你是什么时候发现的？
山田：刚才发现的。我要付钱的时候，发现钱包不见了。
警察：你刚才在哪儿？
山田：我和朋友刚才在超市买东西。
警察：钱包是什么样的？
山田：黑色牛皮的，长方形。
警察：钱包里有什么？
山田：有一千块左右的人民币，两万日元。
警察：还丢了什么吗？
山田：没有，其他都在。
警察：好，您看一下这份记录单，没有错误的话，在这里签一下你的名字。我们有消息就通知你，请把你的联系电话和地址留下来。
山田：(拿出名片)这上面有我的电话和地址。那就麻烦你们了。

生词和短语　◆新出単語と短文表現

1. 警察	jǐngchá	名	警察(官)
2. 钱包	qiánbāo	名	財布
3. 被	bèi	介	(受身をあらわす)〜れる、〜られる
4. 偷	tōu	動	盗む
5. 别	bié	副	〜するな
6. 着急	zháojí	形	焦る、慌てる
7. 付钱	fù qián		支払いをする、お金を払う
8. 什么样	shénmeyàng		どんな
9. 黑色	hēisè	名	黒色
10. 牛皮	niúpí	名	牛革
11. 长方形	chángfāngxíng	名	長方形
12. 人民币	rénmínbì	名	人民元
13. 万	wàn	数	万
14. 日元	Rìyuán	名	日本円

第二十三课　我的钱包被偷了

15. 丢	diū	動	なくなる	
16. 其他	qítā	名	その他	
17. 份	fèn	量	セットになったものを数える	
18. 记录单	jìlùdān	名	記録カード	
19. 错误	cuòwù	名	間違い	
20. 签	qiān	動	サインする	
21. 消息	xiāoxi	名	情報、ニュース	
22. 通知	tōngzhī	動	知らせる	
23. 联系	liánxì	動	連絡する	
24. 留	liú	動	残す	
25. 麻烦	máfan	動	迷惑をかける、お手数をかける	

生词练习　◆単語練習

1. 听音标序号　◆　発音を聞いて下の日本語に番号をつけなさい。

①

間違い	日本円	黒色	連絡	残す

②

財布	支払いする	サインする	知らせる	お手数をかける

③

盗む	情報	慌てる	牛革	人民元

2. 听音标序号 ◆ 発音を聞いて下の絵に番号をつけなさい。

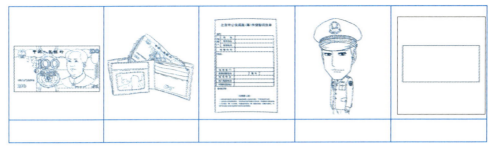

3. 听音标序号 ◆ 発音を聞いて下の漢字に番号をつけなさい。

①

麻烦	消息	日元	黑色	着急

②

付钱	警察	联系	长方形	钱包

③

签	留	偷	别	被

4. 注音朗读 ◆ 下の単語にピンインをつけて発音しなさい。

①

人民币	警察	其他	钱包	日元

②

麻烦	着急	联系	牛皮

③

通知	人民币	消息	长方形

第二十三课　我的钱包被偷了

会话练习　◆会話練習

1. 跟读写汉字　◆ CDを聞いて発音した上で、漢字を書き入れなさい。

① Wǒ de qiánbāo bèi xiǎotōu tōu le.
② Nǐ gāngcái zài nǎr?
③ Zài zhèli qiān yíxià nǐ de míngzi.

2. 边听边连线　◆ CDを聞いて内容が合うものを線でつなぎなさい。

(1) Wǒmen yǒu xiāoxi jiù tōngzhī nǐ.　　　A それじゃ、お手数をおかけしました。

(2) Qítā dōu zài.　　　B 連絡電話と住所を残しておいて下さい。

(3) Qiánbāoli yǒu shénme?　　　C 情報があったらすぐに知らせます。

(4) Zhè shàngmian yǒu wǒ de diànhuà hé dìzhǐ.　　　D 財布はどんなものでしたか。

(5) Qiánbāo shì shénmeyàng de?　　　E 財布の中には何が入っていましたか?

(6) Nà jiù máfan nǐmen le.　　　F 他のものは全部ありました。

(7) Qǐng bǎ nǐ de liánxì diànhuà hé dìzhǐ liú xiàlai.　　　G ここに私の電話と住所があります。

3. 标调或注音　◆ 声調符号やピンインをつけなさい。

① 听音标声调　◆ 発音を聞いて声調符号をつけなさい。

(1)	(2)	(3)
Ni bie zhaoji, qing zuoxia shuo.	You yiqian kuai zuoyou de renminbi.	Wo gangcai zai chaoshi mai dongxi.

② 听音标拼音　◆　発音を聞いてピンインをつけなさい。

(1)	(2)	(3)
我的钱包被小偷偷了。	你是什么时候发现的？	钱包是什么样的？

4. 看图说话　◆　絵を見ながら、下線部に言葉を入れて文を完成しなさい。

①

A
Wǒ de qiánbāo bèi xiǎotōu tōu le.

Gāngcái fāxiàn de.

B
Nǐ shì shénme shíhou fāxiàn de?

②

A
Wǒ de ＿＿＿ bèi xiǎotōu tōu le.

＿＿＿ fāxiàn de.

B
Nǐ shì shénme shíhou fāxiàn de?

③

A
Qiánbāo shì Shénmeyàng de?

Lǐmian yǒu shénme?

B
Hēisè niúpí de, chángfāngxíng.

Yìqiān kuài rénmínbì.

128

第二十三课　我的钱包被偷了

④

A
____ shì shénmeyàng de?
Lǐmian yǒu shénme?

B
____ niúpí de, chángfāngxíng.
____

本课学过的基本句型 ◆ この課で学んだ基本文型

1 我的钱包被小偷偷了。　Wǒ de qiánbāo bèi xiǎotōu tōu le.
2 你别着急，请坐下说。　Nǐ bié zháojí, qǐng zuòxià shuō.
3 你是什么时候发现的？　Nǐ shì shénme shíhou fāxiàn de?
4 你还丢了什么吗？　　　Nǐ hái diūle shénme ma?
5 在这里签一下你的名字。　Zài zhèli qiān yíxià nǐ de míngzi.
6 我们有消息就通知你。　Wǒmen yǒu xiāoxi jiù tōngzhī nǐ.

扩展练习 ◆ ステップアップ

短文 ◆ 短文

　　我和朋友在超市买东西的时候，发现我的钱包被偷了。我们马上去旁边的公安局报了案。出门的时候，我把钱包放在背包里，钱包里有我刚换的几百块人民币和两万日元。幸亏银行卡我放在宿舍，没有带在身上。我在记录单上签了字，留下了电话和住址就回来了。虽然报了案，可是我不知道我的钱包能不能找回来。以后可要多加小心了。

　　Wǒ hé péngyou zài chāoshì mǎi dōngxi de shíhou, fāxiàn wǒ de qiánbāo bèi tōu le. Wǒmen mǎshàng qù pángbiān de gōng'ānjú bàole àn. Chūmén de shíhou, wǒ bǎ qiánbāo fàng zài bēibāo li, qiánbāo li yǒu wǒ gāng huàn de jǐ bǎi kuài rénmínbì hé liǎngwàn Rìyuán. Xìngkuī yínhángkǎ wǒ fàng zài sùshè, méiyǒu dài zài shēn shang. Wǒ zài jìlùdān shang qiānle zì, liúxià le diànhuà hé zhùzhǐ jiù huílai le. Suīrán bàole àn, kěshì wǒ bù zhīdào wǒ de qiánbāo néng bu néng zhǎo huílai. Yǐhòu kě yào duō jiā xiǎoxīn le.

生词和短语 ◆ 新出単語と短文表現

1. 马上　　　mǎshàng　　　副　　　すぐに
2. 公安局　　gōng'ānjú　　　名　　　警察所
3. 报案　　　bào àn　　　　動　　　通報する
4. 出门　　　chū mén　　　動　　　出かける
5. 背包　　　bēibāo　　　　名　　　リュック
6. 换　　　　huàn　　　　　動　　　両替する
7. 幸亏　　　xìngkuī　　　　副　　　幸いなことに
8. 银行卡　　yínhángkǎ　　　名　　　銀行カード
9. 放　　　　fàng　　　　　動　　　置く
10. 宿舍　　　sùshè　　　　　名　　　宿舎、寮
11. 身上　　　shēnshang　　　　　　身体に
12. 签字　　　qiān zì　　　　動　　　サインする
13. 虽然　　　suīrán　　　　　接　　　〜けれども
14. 可是　　　kěshì　　　　　接　　　だが、しかし
15. 可　　　　kě　　　　　　副　　　だが、しかし
16. 多加　　　duō jiā　　　　　　　もっと、一層

1. 替换练习 ◆ 例文の単語を入れ替えて、文章を完成しなさい。

①

(例)钱包	(1) 点心	(2) 座位	(3) 短信	(4) 同学
小偷	妹妹	小王	爱人	老师
偷	吃	坐	看	说

第二十三课　我的钱包被偷了

(例) Wǒ de qiánbāo bèi xiǎotōu tōu le.
　　　我 的 钱包 被 小偷 偷了。

＊说　shuō　動　叱る、意见する

②

| (例)着急 | (1) 说话 | (2) 看电视 | (3) 晚了 | (4) 睡觉 |

(例) Nǐ bié zháojí.
　　　你 别 着急。

③

| (例)丢 | (1) 看 | (2) 去 | (3) 点 | (4) 见 |
| 什么 | 什么书 | 哪儿 | 什么菜 | 谁 |

(例) Hái diūle shénme ma?
　　A：还 丢了 什么 吗？
　　　Méiyǒu.
　　B：没有。

④

(例)报了案	(1) 吃了药	(2) 学了三年	(3) 写完了	(4) 去了学校
钱包	病	法语	作文	同学
没找回来	一点儿也没有好	还不太好	没有交	没找到

(例) Suīrán bàole àn, kěshì wǒ de qiánbāo méi zhǎo huílai.
　　　虽然 报了 案，可是 我 的 钱包 没 找 回来。

2. 看寻物启事回答问题 ◆ 搜し物の掲示を見て質問に答えなさい。

> XúnWù Qǐshì
> # 寻物启事
>
> Wǒ yú sān yuè èrshí rì zài èrlíngyī hào lóu bā'èrwǔ jiàoshì shàng Hànyǔ kè
> 我 于 3 月 20 日 在 201 号 楼 825 教室 上 汉语 课
> shí bǎ yí gè báisè chángfāngxíng bùbāo wàng zài yǐzi shang le. Lǐmiàn yǒu
> 时, 把 一个 白色 长方形 布包 忘 在 椅子 上 了。 里面 有
> wǒ de xuéshēngzhèng hé bǐjìběn Rú yǒu shídào zhě qǐng yǔ liúxuéshēng
> 我 的 学生证 和 笔记本。如 有 拾到 者,请 与 留学生
> wǔ hào lóu wǔ'èr'èr hào de Shāntián liánxì. Yǒu zhòng xiè.
> 5 号 楼 522 号 的 山田 联系。有 重 谢。
> Liánxì diànhuà sānwǔwǔsìqībāliùjiǔ
> 联系 电话 35547869。
>
>   Shāntián
>   山田
>   sān yuè èrshiyī rì
>   3 月 21 日

  Tā diūle shénme?
① 他 丢了 什么?
  Tā diū de dōngxi shì shénme yánsè de?
② 他 丢 的 东西 是 什么 颜色 的?
  Tā diū de dōngxi shì shénmeyàng de?
③ 他 丢 的 东西 是 什么样 的?
  Tā shénme shíhou diū de?
④ 他 什么 时候 丢 的?
  Tā zài nǎr diū de?
⑤ 他 在 哪儿 丢 的?

3. 根据自己的情况回答问题 ◆ 自分の状況をふまえ、質問に答えなさい。

  Nǐ qùguo gōng'ānjú ma?
① 你 去过 公安局 吗?

　　　　Nǐ diūguo dōngxi ma?　Shì shénme dōngxi?
② 你 丢过 东西 吗？是 什么 东西？
　　　　Nǐ diūguo jǐ cì dōngxi?
③ 你 丢过 几次 东西？
　　　　Nǐ diū de zuì guì de dōngxi shì shénme?
④ 你丢的最贵的东西是什么？
　　　　Nǐ diū de dōngxi zuìhòu zhǎodàole ma?
⑤ 你丢的 东西 最后 找到了 吗？

朗读诗歌 ◆次の漢詩を朗読しなさい。◆

Chūn wàng
春 望
Dù Fǔ
杜 甫

Guó pò shānhé zài
国 破 山河 在
Chéng chūn cǎo mù shēn
城　春 草 木 深
Gǎn shí huā jiàn lèi
感 时 花 溅 泪
Hèn bié niǎo jīng xīn
恨 别 鸟 惊 心
Fēnghuǒ lián sān yuè
烽 火 连 三 月
Jiāshū dǐ wàn jīn
家书 抵 万 金
Báitóu sāo gèng duǎn
白 头 搔 更 短
Hún yù búshèng zān
浑 欲 不胜 簪

春望
国破れて山河在り
城春にして草木深し
時に感じては花にも涙を濺(そそ)ぎ
別れを恨んでは鳥にも心を驚かす
烽火三月に連なり
家書万金に抵(あた)る
白頭搔かけば更に短く
渾(な)べて簪に勝えざらんと欲す
<杜甫>

第二十四课　我想一边儿工作，一边儿学汉语
Dì èrshisì kè　Wǒ xiǎng yìbiānr gōngzuò, yìbiānr xué Hànyǔ
~~帰国の準備をする~~

会话 ◆会話

Zài sùshè de huìhuà
在 宿舍 的 会话
◆ 宿舎での会話

Lǐ Huá: Shāntián, nǐ hǎo! Nǐ jì dōngxi a!

Shāntián: Duì. Wǒ yào huí guó le, bǎ dōngxi jìhuí Rìběn qù.

Lǐ Huá: Yǒu jǐge bāoguǒ?

Shāntián: Zhǐyǒu yí ge. Qítā dōngxi dōu sònggěi péngyou le.

Lǐ Huá: Zhè ge bāoguǒ li shì shénme?

Shāntián: Chúle shū yǐwài, dōu shì lǐwù.

Lǐ Huá: Nǐ bùrú fēnkāi jì. Zhǐyào dōu shì shū, jiù kěyǐ àn yìnshuāpǐn jì, zhèyàng piányi.

Shāntián: Hǎo a. Zěnme piányi jiù zěnme jì. Lìngwài wǒ xiǎng bǎ zhèxiē zhòngyào de zīliào jìgěi zài Měiguó de péngyou.

Lǐ Huá: Hángkōng jì yào yí ge xīngqī, tèkuài zhuāndì dehuà sān tiān jiù néng dào. Nǐ hěn zháojí ma?

Shāntián: Jǐnguǎn bù zháojí, dànshì yuè kuài yuè hǎo. Zěnme kuài jiù zěnme jì ba.

Lǐ Huá: Huídào Rìběn yǐhòu, nǐ yǒu shénme dǎsuan?

Shāntián: Wǒ dǎsuan yìbiānr gōngzuò, yìbiānr jìxù xué Hànyǔ.

Lǐ Huá: Cháng lái xìn a! Bié wàngle lǎo péngyou!

Shāntián: Nǎ néng ne? Wǒ yídìng hái huì lái Zhōngguó kàn nǐ de.

李华：山田，你好！你寄东西啊！
山田：对。我要回国了，把东西寄回日本去。
李华：有几个包裹？
山田：只有一个。其他东西都送给朋友了。
李华：这个包裹里是什么？
山田：除了书以外，都是礼物。
李华：你不如分开寄。只要都是书，就可以按印刷品寄，这样便宜。
山田：好啊。怎么便宜就怎么寄。另外我想把这些重要的资料寄给在美国的朋友。
李华：航空寄要一个星期，特快专递的话三天就能到。你很着急吗？
山田：尽管不着急，但是越快越好。怎么快就怎么寄吧。
李华：回到日本以后，你有什么打算？
山田：我打算一边儿工作，一边儿继续学汉语。
李华：常来信啊！别忘了老朋友！
山田：哪能呢？我一定还会来中国看你的。

生词和短语　◆新出単語と短文表現

1. 寄	jì	動	送る、郵送する
2. 包裹	bāoguǒ	名	小包
3. 除了	chúle	介	～を除いて
4. 以外	yǐwài	名	～以外に、その他に
5. 不如	bùrú	動	～に及ばない
6. 分开	fēnkāi	動	分ける、区分する
7. 只要	zhǐyào	接	～さえすれば(必要条件を表す)
8. 按	àn	介	～に基づき、～に準じて
9. 印刷品	yìnshuāpǐn	名	印刷物
10. 这样	zhèyàng	代	このような、このように
11. 些	xiē	量	いくつか(不定の数や量を一単位として数える)

第二十四课　我想一边儿工作，一边儿学汉语

12. 重要	zhòngyào	形	重要だ
13. 资料	zīliào	名	資料、書類
14. 航空	hángkōng	名	航空便
15. 特快专递	tèkuài zhuāndì		EMS
16. 尽管	jǐnguǎn	接	～だけれども、～にもかかわらず
17. 一边儿…一边儿…	yìbiānr ... yìbiānr ...	副	～しながら～する
18. 继续	jìxù	動	続ける、継続する
19. 信	xìn	名	手紙

生词练习　◆単語練習

1. 听音标序号　◆ 発音を聞いて下の日本語に番号をつけなさい。

①

資料	航空便	分ける	続ける	小包み

②

～に及ばない	郵送する	手紙	EMS	重要だ

③

～さえすれば	～だけれども	～に基づき	～以外に	印刷物

2. 听音标序号　◆ 発音を聞いて下の絵に番号をつけなさい。

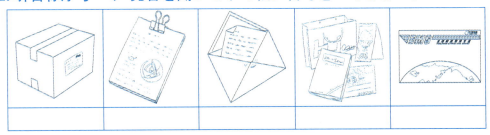

3. 听音标序号 ◆ 発音を聞いて下の漢字に番号をつけなさい。

①

不如	印刷品	航空	尽管	继续

②

除了	包裹	以外	只要	这样

③

资料	分开	重要	寄	特快专递

4. 注音朗读 ◆ 下の単語にピンインをつけて発音しなさい。

①

一边儿	寄	信	包裹	除了

②

继续	以外	尽管	航空

③

重要	资料	印刷品	不如

会话练习 ◆会話練習

1. 跟读写汉字 ◆ CDを聞いて発音した上で、漢字を書き入れなさい。

① Nǐ jì dōngxi a!

② Hángkōng jì yào yí ge xīngqī.

③ Cháng lái xìn a! Bié wàngle lǎo péngyou!

第二十四课　我想一边儿工作，一边儿学汉语

2. 边听边连线 ◆ CDを聞いて内容が合うものを線でつなぎなさい。

(1) Chúle shū yǐwài, dōu shì lǐwù.　　A 荷物を日本へ送り返します。

(2) Bǎ dōngxi jìhuí Rìběn qù.　　B 分けて送ったほうがいい。

(3) Jǐnguǎn bù zháojí, dànshì yuè kuài yuè hǎo.　　C 君に会いにきっと中国へ戻ってくるよ。

(4) Nǐ bùrú fēnkāi jì.　　D 安く送れるに越したことはない。

(5) Zhè ge bāoguǒ li shì shénme?　　E 本以外は、みんなお土産です。

(6) Wǒ yídìng hái huì lái Zhōngguó kàn nǐ de.　　F 急がないけど、速いほうがいいね。

(7) Zěnme piányi jiù zěnme jì.　　G この小包には、何が入っていますか？

3. 标调或注音 ◆ 声調符号やピンインをつけなさい。

① 听音标声调　◆ 発音を聞いて声調符号をつけなさい。

(1)	(2)	(3)
You ji ge baoguo?	Chang lai xin a!	Bie wang le lao pengyou!

② 听音标拼音　◆ 発音を聞いてピンインをつけなさい。

(1)	(2)	(3)
特快专递的话三天就能到。	我要回国了。	你有什么打算？

4. 看图说话 ◆ 絵を見ながら、下線部に言葉を入れて文を完成しなさい。

①

A

Nǐ hǎo! Nǐ jì dōngxi a!

Yǒu jǐ ge bāoguǒ?

B

Duì. Wǒ yào huí guó le, bǎ dōngxi jìhuí Rìběn qù.

Zhǐ yǒu yí ge, qítā dōngxi dōu sònggěi péngyou le.

②

A

Nǐ hǎo! Nǐ jì ____ a!

Yǒu jǐ ge bāoguǒ?

B

Duì. Wǒ yào huíguó le, bǎ dōngxi jìhuí ____ qù.

Zhǐ yǒu____, qítā dōngxi dōu sònggěi péngyou le.

③

A

Zhè ge bāoguǒ li shì shénme?

Nǐ bùrú fēnkāi jì.

B

Chúle shū yǐwài, dōu shì lǐwù.

Hǎo a!

第二十四课　我想一边儿工作,一边儿学汉语

④

A
Zhè ge ___ li shì shénme?

Nǐ bùrú fēnkāi jì.

B
Chúle shū yǐwài, dōu shì ___.

Hǎo a!

本课学过的基本句型 ◆ **この課で学んだ基本文型**

1. 除了书以外,都是礼物。　　Chúle shū yǐwài, dōu shì lǐwù.
2. 只要都是书,就可以按印刷品寄。　　Zhǐyào dōu shì shū, jiù kěyǐ àn yìnshuāpǐn jì.
3. 尽管不着急,但是越快越好。　　Jǐnguǎn bù zháojí, dànshì yuè kuài yuè hǎo.
4. 怎么快就怎么寄吧。　　Zěnme kuài jiù zěnme jì ba.
5. 我打算一边儿工作,一边儿继续学汉语。　　Wǒ dǎsuàn yìbiānr gōngzuò, yìbiānr jìxù xué Hànyǔ.
6. 哪能呢?　　Nǎ néng ne?

扩展练习 ◆**ステップアップ**

短文 ◆ 短文

　　我的日本朋友明天就要回国了。今天他在邮局寄包裹。我帮他把书和礼物分开。书按印刷品寄,重要的资料按挂号寄。尽管挂号比较贵,但是又快又安全。我们在一起待了一年了,要分开真有点儿舍不得。不过山田说他一定会来中国看我的。我说你什么时候想来就什么时候来吧。

Wǒ de Rìběn péngyou míngtiān jiùyào huí guó le.Jīntiān tā zài yóujú jì bāoguǒ. Wǒ bāng tā bǎ shū hé lǐwù fēnkāi.Shū àn yìnshuāpǐn jì, zhòngyào de zīliào àn guàhào jì.Jǐnguǎn guàhào bǐjiào guì, dànshì yòu kuài yòu ānquán.Wǒmen zài yìqǐ dāile yìnián le, yào fēnkāi zhēn yǒudiǎnr shěbudé.Búguò Shāntián shuō tā yídìng huì lái Zhōngguó kàn wǒ de.Wǒ shuō nǐ shénme shíhou xiǎng lái jiù shénme shíhou lái ba.

生词　　◆ 新出単語

1. 邮局	yóujú	名	郵便局
2. 挂号	guàhào	名	書留
3. 比较	bǐjiào	副	割に、比較的に
4. 安全	ānquán	形	安全だ、確実だ
5. 待	dāi	動	滞在する
6. 分开	fēnkāi	動	別れる、分ける
7. 舍不得	shěbudé	動	離れがたい、別れるのがつらい

1. 替换练习 ◆ 例文の単語を入れ替えて、文章を完成しなさい。

①

(例)书	(1) 衣服	(2) 照片	(3) 水果	(4) 信
礼物	资料	名片	蔬菜	印刷品

(例)　　Zhè lǐmian dōu shì shénme?
　　A：这 里面　都 是　什么？
　　　　Chúle shū yǐwài, dōu shì lǐwù.
　　B：除了 书 以外，都 是 礼物。

142

第二十四课　我想一边儿工作,一边儿学汉语

②

(例)都是书	(1) 认真学习	(2) 尝一下	(3) 去一次	(4) 好好休息
按印刷品寄	能考上大学	会喜欢	不想回来	能好

(例)　Zhǐyào dōu shì shū, jiù kěyǐ àn yìnshuāpǐn jì.
　　　只要 都是书, 就 可以按印刷品 寄。

③

(例)不着急	(1) 我很认真	(2) 这个工作不难	(3) 这篇小说很难	(4) 她锻炼身体
快	学	着急	读	来
好	难	做不好	有意思	胖

*胖　pàng　形　肥えている

(例)　Jǐnguǎn bù zháojí, dànshì yuè kuài yuè hǎo.
　　　尽管 不着急,但是 越 快 越 好。

④

(例)怎么快	(1) 想吃什么	(2) 想什么时候去	(3) 用几个	(4) 想去哪儿
怎么寄	吃什么	什么时候去	买几个	去哪儿

(例)　Zěnme kuài jiù zěnme jì ba.
　　　怎么 快 就 怎么寄吧。

2. 看邮局价格表回答问题 ◆ 次の郵便料金表を見て、質問に答えなさい。

邮件费用表

目的地	种类		重量	价格	时间
日本	信件	普通航空	10g	15元	7天
		挂号	10g	30元	10天
		EMS	100g	70元	3天
	明信片			10元	5天
	包裹	航空	1000g	50元	15天
		海运	1000g	30元	30天

　　　　Wǎng Rìběn jì yì fēng hángkōngxìn yào duōshao qián?
① 往　日本　寄　一封　航空信　要　多少　钱？

　　　　Xūyào jǐ tiān shíjiān?
② 需要　几天　时间？

　　　　Wǎng Rìběn jì yì fēng guàhàoxìn yào duōshao qián? Duō cháng shíjiān?
③ 往　日本　寄　一封　挂号信　要　多少　钱？　多长　时间？

　　　　Jì wǎng Rìběn zuì kuài de fāngfǎ shì shénme?
④ 寄往　日本　最　快　的　方法　是　什么？

　　　　Zěnme jì bāoguǒ zuì piányi?
⑤ 怎么　寄　包裹　最　便宜？

3. 根据自己的情况回答问题 ◆ 自分の状況をふまえ、質問に答えなさい。

　　　　Nǐ jīngcháng xiě xìn ma? Yìbān xiěgěi shuí?
① 你　经常　写　信　吗？一般　写给　谁？

　　　　Zài Rìběn jì yì fēng xìn yào jǐtiān?
② 在　日本　寄　一封　信　要　几天？

　　　　Zài Rìběn jì yì fēng xìn yào duōshao qián?
③ 在　日本　寄　一封　信　要　多少　钱？

　　　　Nǐ jìguò bāoguǒ ma?
④ 你寄过　包裹　吗？

　　　　Zhòngyào de zīliào nǐ zěnme jì?
⑤ 重要　的　资料　你　怎么　寄？

144

第二十四课　我想一边儿工作，一边儿学汉语

朗读诗歌 ◆次の漢詩を朗読しなさい。◆

Yǐn jiǔ
饮 酒
Táo Yuānmíng
陶 渊明

Jiē lú zài rén jìng
结庐在人境
Ér wú chē mǎ xuān
而无车马喧
Wèn jūn hé néng ěr
问君何能尔
Xīn yuǎn dì zì piān
心远地自偏
Cǎi jú dōng lí xià
采菊东篱下
Yōurán jiàn Nánshān
悠然见南山
Shān qì rì xī jiā
山气日夕佳
Fēi niǎo xiāngyú huán
飞鸟相与还
Cǐ zhōng yǒu zhēn yì
此中有真意
Yù biàn yǐ wàng yán
欲辨已忘言

　　　　飲酒
廬を結びて人境に在り
而(しか)も車馬の喧(かまびす)しきなし
君に問う　何ぞ能く爾(しか)るやと
心遠ければ地も自ずから偏なり
菊を采る　東籬の下(もと)
悠然として南山を見る
山気　日夕に佳く
飛鳥　相与(とも)に還る
此の中に真意あり
弁ぜんと欲して已に言を忘る
　　　　　　　　　　＜陶淵明＞

第二十二課〜第二十四課・文法のまとめ

<第二十二課>

1.「的」構文
　助詞の「的」を使って、名詞や代名詞が名詞を修飾する形はすでに学んだが(<第二課>参照)、この「的」は「主語＋動詞」や「動詞＋目的語」といった文節が名詞を修飾する場合にも使われる。
您有需要托运的行李吗? 　　　（託送しなければならない荷物はございますか。）
您乘坐的飞机现在开始登机了。（お乗りになる飛行機は、ただ今搭乗を開始しました。）

2.「一…也＋否定形」の強調構文
　この構文を使えば、「一つも〜ではない」といった、強い否定の意味をあらわすことができる。
现在靠窗的座位一个也没有了。（ただ今、窓際の席は一席もなくなりました。）
我一句韩语也不会说。　　　　（私は、一言の韓国語もしゃべれません。）

<第二十三課>

1. 受身文
　受身をあらわす介詞「被」・「让」・「叫」を使って、受身文を作ることができる。この文で動詞は単独で使われることはなく、補語などさまざまな要素をつけて使われる。

A	＋介詞（被・让・叫）	＋B	＋動詞
（動作の受動者）		（動作の主動者）	

我的自行车叫弟弟骑走了。　　（私の自転車は、弟に乗って行かれました。）
我的钱包被小偷偷了。　　　　（私の財布が、スリに盗まれました。）

介詞「被」を用いた受身文では、動作の主導者(B)を省略することができる。
我们的话都被听见了。　　　（私たちの話しは、すべて聞かれてしまいました。）

2．疑問詞の不定用法（その１）

日本語では疑問詞に「か」をつけて、「何か」、「いつか」、「どこか」といえば不定の意味になるが、中国語では形を変えずに使われる。疑問詞＋疑問助詞「吗」で不定の意味をあらわす。
你还丢了什么吗？　　　　（ほかに何かなくされましたか。）
下个星期你到哪儿去吗？　（来週、あなたはどこかへ出かけられますか。）

3．禁止をあらわす「别」

副詞の「别」は、禁止をあらわす。
你别着急，请坐下说。　　（慌てないで、どうか坐ってお話し下さい。）
你别客气！　　　　　　　（どうかご遠慮なく。）

4．「虽然…，可是…」の構文

この構文では「～ではあるけれども、しかし～だ」として、一方を認めつつも、譲歩する意味をあらわす。
虽然报了案，可是我不知道我的钱包能不能找回来。
（事件を通報したけれど、財布が戻ってくるかどうかはわかりません。）

第二十二課～第二十四課・文法のまとめ

<第二十四課>

1. 複文

<第十七課＞で複文をまとめて取りあげておいたが、ここでもそれ以外の複文を紹介する。
　①「除了…以外,都…」(「～以外はすべて～だ」)
　　除了书以外,都是礼物。　　　（本以外は、みんなお土産です。）
　②「只要…,就…」(「～でさえあれば～だ」)
　　只要都是书,就可以按印刷品寄。
　　（みんな本なら、印刷物として送りなさいよ。）
　③「尽管…,但是…」(「～だけれどもしかし～だ」)
　　尽管不着急,但是越快越好。
　　（急ぎはしないけれど、早いに越したことはないです。）

2. 疑問詞の不定用法（その２）

　同じ疑問詞を重ねて使うことで、「何でも」、「どうでも」などの意味をあらわすことができる。
　这个超市商品丰富,要什么有什么。
　（このスーパーは商品が豊富で、欲しいものは何でもあります。）
　怎么快就怎么寄吧。　　　（でもるだけ速い方法で送って下さい。）

词类 （品詞）

名：名詞　　　　　動：動詞
形：形容詞　　　　副：副詞
代：代詞　　　　　助動：助動詞
助：助詞　　　　　介：介詞
数：数詞　　　　　接：接続詞
疑：疑問詞　　　　量：量詞
感：感嘆詞

＊単語を組み合わせた語は品詞を示していない。

词 语 表

阿姨	āyí	名	おばさん、(自分の母と同じ年輩の女性に対して敬意や親しみを込めて用いる)	19-A
安全	ānquán	形	安全だ、確実だ	24-B
按	àn	介	〜に基づき、〜に準じて	24-A
按时	ànshí	副	時間通りに	20-A
熬夜	áo yè	動	夜更かしする、徹夜する	20-A
把	bǎ	介	〜を	19-A
班机	bānjī	名	(飛行機の)定期便、〜便	22-B
办理	bànlǐ	動	処理する	22-B
半	bàn	数	半分、二分の一	13-A
半天	bàntiān	量	長い時間	19-B
帮	bāng	動	手伝う、代わりに〜してやる	20-B
包裹	bāoguǒ	名	小包	24-A
报案	bào àn	動	通報する	23-B
背包	bēibāo	名	リュック	23-B
被	bèi	介	(受身をあらわす)〜れる、〜られる	23-A
本来	běnlái	副	もともと	14-B
比较	bǐjiào	副	割に、比較的に	24-B
比赛	bǐsài	名	試合	15-A
别	bié	副	〜するな	23-A
并	bìng	副	決して、その上	15-B
病	bìng	動	病気になる	17-B
播音员	bōyīnyuán	名	アナウンサー	22-A
不错	búcuò	形	よい、悪くない	21-B
不但…而且…	búdàn...érqiě...		〜ばかりではなく、さらに〜だ	18-A
不过	búguò	副	ただ、〜だけ	18-A
不过	búguò	接	ただし、しかし	15-A
不好意思	bù hǎoyìsi		申し訳ありません	13-A
不客气	bú kèqi		遠慮しない、どういたしまして	13-A
不如	bùrú	動	〜に及ばない	24-A
不行	bùxíng	形	だめだ	14-A
不要	búyào	副	〜してはいけない、〜するな	20-A
不要紧	búyàojǐn	形	大丈夫だ、かまわない	20-A
参加	cānjiā	動	参加する	14-B
餐馆儿	cānguǎnr	名	レストラン	21-B
长方形	chángfāngxíng	名	長方形	23-A
超重	chāo zhòng	動	重量オーバー	22-A

炒	chǎo	動	炒める、煎る	19-A
称	chēng	動	量る	22-A
乘坐	chéngzuò	動	（乗り物に）乗る	22-A
抽油烟机	chōuyóuyānjī	名	（台所の）換気扇	19-A
出	chū	動	出る	13-A
出门	chūmén	動	出かける	23-B
除了	chúle	介	〜を除いて	24-A
厨房	chúfáng	名	キッチン、台所	19-A
窗	chuāng	名	窓	21-A
窗子	chuāngzi	名	窓	19-A
次	cì	量	（動作の回数を数える）〜回	15-A
从…到…	cóng...dào...	介	〜から〜まで	13-A
错过	cuòguò	動	間違える、（チャンスを）逃す	22-B
错误	cuòwù	名	間違い	23-A
搭乘	dāchéng	動	搭乗する	22-B
打开	dǎkāi	動	開ける、開く	19-A
打算	dǎsuan	動	〜をするつもりだ	14-A
大夫	dàifu	名	医者	20-A
大概	dàgài	副	たぶん、おそらく	15-A
大闸蟹	dàzháxiè	名	上海蟹	21-A
待	dāi	動	滞在する	24-B
担心	dān xīn	動	心配する	13-B
但是	dànshì	接	しかし、けれども	18-A
当	dāng	動	〜になる	15-B
到	dào	動	到着する	13-A
到	dào	動	動詞の後につけ、動作の結果や目的が達成されたことをあらわす	18-A
得	dé	動	（病気に）かかる、手に入れる	20-B
得	de	助	動詞や形容詞の後につけて、様子・状態結果・程度・様態などを表す補語を導く。	17-A
登机	dēng jī	動	搭乗する	22-A
登机口	dēngjīkǒu	名	搭乗口	22-A
登机牌	dēngjīpái	名	搭乗券	22-A
地方	dìfang	名	場所、ところ	17-A
地址	dìzhǐ	名	住所	19-B
点	diǎn	動	（料理などを単品で）注文する	21-A
点心	diǎnxin	名	お菓子	19-A
订	dìng	動	予約する	22-B

词　语　表

丢	diū	動	なくなる	23-A
懂	dǒng	動	分かる、理解する	18-A
豆瓣酱	dòubànjiàng	名	トウバンジャン	16-B
读	dú	動	読む	17-B
堵车	dǔ chē	動	道路が渋滞する	13-A
对	duì	介	～に、～に対して	15-A
多长时间	duō cháng shíjiān		どのぐらいの時間	13-A
多加	duō jiā		もっと、一層	23-B
而且	érqiě	接	しかも、その上	20-A
发烧	fā shāo	動	熱が出る	20-A
发现	fāxiàn	動	気づく見付ける	14-B
放	fàng	動	置く	23-B
放心	fàng xīn	動	安心する	20-A
飞	fēi	動	飛ぶ	22-A
非常	fēicháng	副	非常に	17-B
分开	fēnkāi	動	別れる、分ける	24-B
分开	fēnkāi	動	分ける、区分する	24-A
分钟	fēnzhōng	名	～分間	13-A
份	fèn	量	セットになったものを数える	23-A
丰富	fēngfù	形	豊富だ	18-A
付钱	fù qián		支払いをする、お金を払う	23-A
复习	fùxí	動	復習する	17-A
改	gǎi	動	改める　変える	14-B
感冒	gǎnmào	名・動	風邪（を引く）	20-A
感兴趣	gǎn xìngqù		興味を覚える	15-A
干	gàn	動	する、やる	14-A
刚才	gāngcái	名	たった今	20-A
告诉	gàosu	動	教える、知らせる	19-B
给	gěi	動	与える	22-A
更	gèng	副	更に	15-A
购物	gòu wù	名・動	ショッピング（をする）	16-A
够	gòu	形	充分である、足りる	16-A
挂号	guàhào	名	書留	24-B
关上	guānshang	動	（ぴったり）閉じる、閉める	19-A
光临	guānglín	動	ご光臨、おいでになる	21-A
广播	guǎngbō	動	放送する	22-B
过	guo	助	動詞の後に付けて体験したことを表す、～したことがある	15-A
海螃蟹	hǎipángxiè	名	海蟹（渡り蟹）	21-A

153

海鲜	hǎixiān	名	海鮮料理	21-B
汉字	Hànzì	名	漢字	18-A
航班	hángbān	名	便名、就航ダイヤ	22-A
航空	hángkōng	名	航空便	24-A
好好儿	hǎohāor	副	しっかりと、十分に	17-A
好久不见了	hǎojiǔ bújiàn le		お久しぶりです	13-A
好意思	hǎoyìsi	動	平気だ	21-A
号	hào	量	（日付や室番号をあらわす）〜日、〜号	19-B
黑色	hēisè	名	黒色	23-A
后来	hòulái	名	その後	14-B
坏	huài	動	壊れる	19-A
欢迎	huānyíng	動	歓迎する	13-A
还是	háishì	接	それとも〜か、やはり	19-A
换	huàn	動	両替する	23-B
会	huì	助動	可能性を表す	13-A
会话	huìhuà	動	会話する	17-B
婚礼	hūnlǐ	名	結婚式	22-B
机场	jīchǎng	名	空港	13-A
机票	jīpiào	名	航空チケット	22-A
…级	...jí	名	等級、(テストなどの)レベル	14-A
记不清	jì bu qīng		はっきり記憶していない	19-B
记录单	jìlùdān	名	記録カード	23-A
继续	jìxù	動	続ける、継続する	24-A
寄	jì	動	送る、郵送する	24-A
交	jiāo	動	提出する	14-A
接	jiē	動	受け取る、迎える	13-A
尽管	jǐnguǎn	接	〜だけれども、〜にもかかわらず	24-A
经常	jīngcháng	副	いつも、しょっちゅう	15-A
精彩	jīngcǎi	形	みごとである、すばらしい	18-B
警察	jǐngchá	名	警察(官)	23-A
公安局	gōng'ānjú	名	警察所	23-B
决定	juédìng	動	決める	22-B
觉得	juéde	動	〜と思う、感じる	14-B
开	kāi	動	開ける、(車)を運転する、スイッチを入れる、(薬を)処方する	17-A
开始	kāishǐ	副	最初は	18-B
看见	kànjiàn	動	見える	16-A

词　语　表

考	kǎo	動	試験を受ける	14-A
考试	kǎoshì	名	試験	14-A
靠	kào	動	近寄る	21-A
咳嗽	késou	動	咳をする	20-A
可	kě	接	だが、しかし	23-B
可是	kěshì	接	だが、しかし	23-B
可以	kěyǐ	助動	〜してもよい	14-A
刻苦	kèkǔ	副	骨身を惜しまない	15-B
客气	kèqi	形	遠慮深い（くする）	19-A
客人	kèrén	名	お客	21-A
客厅	kètīng	名	客間、応接間	19-A
课文	kèwén	名	教科書の本文	17-B
口语	kǒuyǔ	名	口語、会話文	17-A
快要	kuàiyào	副	もうすぐ、まもなく	18-A
辣	là	形	辛い	16-B
辣油	làyóu	名	ラー油	16-B
冷	lěng	形	寒い	20-B
里面	lǐmian	名	中	22-A
厉害	lìhai	形	たまらない、ひどい	20-A
连…都…	lián...dōu...		〜さえも、〜までも	17-A
联系	liánxì	名・動	連絡（する）	23-A
脸色	liǎnsè	名	顔色	17-A
聊	liáo	動	くつろいで話す、雑談する	19-A
另外	lìngwài	接	また、その外に	16-B
流利	liúlì	形	流暢だ	17-A
留	liú	動	残す	23-A
楼	lóu	名	建物、ビル	19-B
录音	lùyīn	名		17-B
录音机	lùyīnjī	名	レコーダー	17-B
论文	lùnwén	名	論文	14-A
旅客	lǚkè	名	旅客	22-A
旅行社	lǚxíngshè	名	旅行社	22-B
旅行箱	lǚxíngxiāng	名	スーツケース	22-A
麻烦	máfan	動	迷惑をかける、お手数をかける	23-A
马上	mǎshàng	副	すぐに	23-B
买到	mǎidào		（買って）手に入れる	16-A
卖	mài	動	売る	21-A
满意	mǎnyì	動	満足だ	21-B
慢慢儿	mànmānr	副	ゆっくりと	19-A

没关系	méi guānxi		かまわない、大丈夫だ	18-A
蜜橘	mìjú	名	蜜柑	16-A
拿	ná	動	持つ	17-A
哪里	nǎli		いやいや、とんでもない	17-A
内容	nèiróng	名	内容	14-A
牛皮	niúpí	名	牛革	23-A
陪	péi	動	付き添う、お供をする	19-A
拼命	pīnmìng	副	懸命に、死に物狂いで	14-B
其他	qítā	名	その他	23-A
起飞	qǐfēi	動	離陸する	22-A
起来	qǐlái	動	動詞や形容詞の後に付けて、開始を表す	13-A
签	qiān	動	サインする	23-A
签字	qiān zì	動	サインする	23-B
前天	qiántiān	名	おととい	16-B
前往	qiánwǎng	動	向かう、赴く	22-A
钱包	qiánbāo	名	財布	23-A
清楚	qīngchu	形	はっきりしている	18-A
请	qǐng	動	お願いする、招く	19-B
请假	qǐng jià	動	休暇・休みをとる	20-A
请客	qǐng kè	動	客を招待する、おごる	21-A
让	ràng	介・動	～に（～させる、～される）	20-A
人民币	rénmínbì	名	人民元	23-A
认识	rènshi	動	知り合う	21-B
日本芥末	Rìběn jièmo		わさび	16-A
日元	Rìyuán	名	日本円	23-A
如果…就…	rúguǒ...jiù...		もし～ならば、～	14-A
擅长	shàncháng	動	長じている、たけている	15-A
上大学	shàng dàxué		大学に入る	15-B
上个月	shàng ge yuè		先月	13-B
舍不得	shěbudé	動	離れがたい、別れるのがつらい	24-B
身上	shēnshang		身体に	23-B
声音	shēngyīn	名	声	18-A
什么的	shénmede	代	などなど、～とか	16-A
什么样	shénmeyàng		どんな	23-A
时候	shíhou	名	～の時	17-B
实际上	shíjìshang	副	実際上、事実上	13-B
食品	shípǐn	名	食品	16-A
事（儿）	shì(r)	名	用事	18-A

词 语 表

手续	shǒuxù	名	手続き	22-B
受欢迎	shòu huānyíng		人気がある	15-A
书店	shūdiàn	名	本屋	18-A
书名	shūmíng	名	書名	18-A
水平	shuǐpíng	名	レベル	14-A
睡	shuì	動	眠る	17-A
顺利	shùnlì	形	順調である	13-B
四川	Sìchuān	名	四川（地名）	16-A
宿舍	sùshè	名	宿舎、寮	23-B
虽然	suīrán	接	～けれども	23-B
所以	suǒyǐ	接	だから	15-B
特快专递	tèkuài zhuāndì		EMS	24-A
特色	tèsè	名	特色	21-A
特意	tèyì	副	わざわざ	13-A
疼	téng	動	痛む	20-A
踢	tī	動	蹴る、(サッカー)をする	15-A
提前	tíqián	動	繰り上げる	13-B
体育运动	tǐyù yùndòng		スポーツ	15-A
天气	tiānqì	名	天気	20-B
调料	tiáoliào	名	調味料	16-A
听力	tīnglì	名	聞き取り能力	14-A
通	tōng	動	通じる	18-B
通知	tōngzhī	動	知らせる	23-A
同屋	tóngwū	名	ルームメイト	20-A
偷	tōu	動	盗む	23-A
头	tóu	名	頭	20-A
突然	tūrán	副	突然、急に	19-B
推荐	tuījiàn	動	推薦する	21-B
托运	tuōyùn	名・動	託送(する)	22-A
完	wán	動	動詞の後につけて、動作が完了したことをあらわす、～し終える	18-A
完	wán	動	終わる、完了する	16-A
玩	wán	動	遊ぶ	19-A
晚	wǎn	形	遅い、遅れる	14-A
晚点	wǎn diǎn	動	(飛行機や電車が)定刻よりも遅れる	13-A
万	wàn	数	万	23-A
往	wǎng	介	～へ	22-A
忘	wàng	動	忘れる	17-B

为了	wèile	介	〜のために	17-A
为什么	wèi shénme		なぜ、どうして	16-A
位	wèi	量	〜人（人を丁寧に数える）	21-A
位子	wèizi	名	座席	22-B
喂	wèi	感	もしもし	18-A
文化	wénhuà	名	文化	18-A
问题	wèntí	名	問題	17-A
西单	Xīdān	名	西单(北京にある繁華街の名称)	16-A
希望	xīwàng	動	希望する、望む	19-A
相当	xiāngdāng	副	相当、かなり	21-B
相扑	xiāngpū	名	相撲	15-A
消息	xiāoxi	名	情報、ニュース	23-A
小时	xiǎoshí	名	〜時間	13-A
小时候	xiǎo shíhou		小さいとき	15-A
小心	xiǎoxīn	動	注意する、気をつける	20-A
校医院	xiàoyīyuàn	名	学校の病院	20-B
校园	xiàoyuán	名	キャンパス、校庭	17-A
笑	xiào	動	笑う	19-B
些	xiē	量	いくつか(不定の数や量を一単位として数える)	24-A
信	xìn	名	手紙	24-A
星期	xīngqī	名	週、週間	15-A
行李	xíngli	名	荷物	22-A
幸亏	xìngkuī	副	幸いなことに	23-B
需要	xūyào	動	必要とする	22-A
许多	xǔduō	数	多い、たくさん	20-B
选手	xuǎnshǒu	名	選手	15-B
训练	xùnliàn	動	訓練する	15-B
药	yào	名	薬	20-A
要	yào	助動	〜しなければならない、〜する必要がある	20-A
要	yào	動	必要とする	13-A
业余	yèyú	名	アマチュア	15-B
一边儿…一边儿…	yìbiānr ... yìbiānr ...	副	〜しながら〜する	24-A
一点儿	yìdiǎnr	量	ちょっと	14-A
一定	yídìng	副	きっと、必ず	18-B
一共	yígòng	副	全部で、合わせて	21-A

词 语 表

一会儿…一会儿…	yíhuìr...yíhuìr...		～したり～したりする	17-B
一切	yíqiè	代	すべて、あらゆる	13-B
一直	yìzhí	副	動作・状態が持続することを、ずっと	16-B
遗憾	yíhàn	形	遺憾だ	21-B
以后	yǐhòu	名	以後、～の後	18-A
以前	yǐqián	名	以前	13-A
以外	yǐwài	名	～以外に、その他に	24-A
以为	yǐwéi	動	～と思う、～と考える	17-B
因为	yīnwèi	接	～なので、～だから	17-A
银行卡	yínhángkǎ	名	銀行カード	23-B
印刷品	yìnshuāpǐn	名	印刷物	24-A
应该	yīnggāi	助動	～のはずだ	17-A
哟	yo	感	意外や驚いた気持ちを表す	13-A
邮局	yóujú	名	郵便局	24-B
游泳	yóu yǒng	名・動	水泳(をする)	15-A
有点儿	yǒudiǎnr	副	ちょっと	14-A
有意思	yǒu yìsi		おもしろい	15-A
又	yòu	副	又、もう一度	19-B
遇见	yùjiàn	動	出会う	17-B
原来	yuánlái	副	なんと、なんだ	18-B
越来越…	yuè lái yuè ...		ますます～だ	20-A
在	zài	副	～している、しているところだ	14-A
榨菜	zhàcài	名	ザーサイ	16-A
展销	zhǎnxiāo	動	展示即売する	16-A
找	zhǎo	動	探す	17-A
找不到	zhǎo bu dào		探しあたらない	19-B
这几天	zhè jǐtiān		ここ数日	20-A
这样	zhèyàng	代	このような、このように	24-A
真	zhēn	副	本当に	13-A
正	zhèng	副	ちょうど	14-A
正好	zhènghǎo	副	都合よく、折よく	16-B
知道	zhīdao	動	分かる	19-A
职业	zhíyè	名	職業、プロ	15-B
只	zhī	量	(箱、時計などを数える)～個	22-A
只好	zhǐhǎo	副	するほかない、…させるを得ない	19-B
只要	zhǐyào	接	～さえすれば(必要条件を表す)	24-A

中午	zhōngwǔ	名	正午、昼	16-A
终于	zhōngyú	副	ついに、とうとう	18-B
重要	zhòngyào	形	重要だ	24-A
主要	zhǔyào	副	主に	16-B
主意	zhǔyì(zhúyi)	名	考え	14-B
注意	zhùyì	動	注意する	22-A
专门	zhuānmén	副	わざわざ	21-B
准备	zhǔnbèi	動	準備する	14-A
着	zháo	動	動詞の後につけ、動作の目的を達成したことをあらわす	17-B
着急	zháojí	動	焦る、慌てる	23-A
着	zhe	助	動詞の後につけて、動作の結果・状態の持続を表す。〜ている、〜てある	17-A
资料	zīliào	名	資料、書類	24-A
总是	zǒngshì	副	いつも、いつまでも	18-B
走	zǒu	動	歩く、出かける、行く	13-A
足球	zúqiú	名	サッカー	15-A
最	zuì	副	最も	15-A
左右	zuǒyòu	名	ぐらい、前後	13-A
坐	zuò	動	座る、腰掛ける	19-A
座位	zuòwèi	名	座席	21-A